リーダーの生き方と教師力

――思いやりと愛情を形に――

帆足　文宏
佐久間裕之
著

悠雲舎

はじめに

一、博多人形のような美を感じる小僧さんのふるまいに魅せられて
二、後光を感じとれる企業会のトップの方々の講義に魅せられて
三、生きる力・考える種をつくり→見ちがえるほど立派な花になるような指導を考え出すベテラン教師のヒラメキに魅せられて

私が、この本をまとめてみたいと考えた引きがねは、この三点にあります。
全体は、二つの章からなります。

第一章について（生き方の基礎・基本）

私が、小・中・高校生の時の寺小僧として過ごした七年間、私の師匠であった寺の和尚に学び考えたことを述べます。
ここでは、古くからのしきたりである「法」を厳しく守る生活から「静」や「動」、そして「美」を感じとって、毎日の生活に生かされるよさを書き出してみます。「型が心をつくるよさ」「心が型をつくるよさ」です。

次に、私が、教師生活を続けてきて、教師を目指している社会人や学生とともに杉並区の教師養成塾で、講師から受けた講義をもとに考えたことをまとめてみることにします。ここでいう講師は、日本国内外の企業・教育界で活躍されている方々です。また、講義を受けて、考えた生き方についての塾生の卒塾発表会の内容の一部を紹介します。

第二章について（教師力を発揮する基礎・基本）

私が、全国の小学校国語研究会で、授業をさせていただく機会が続いていたときのことです。実践者の会員の中に福島県の佐久間裕之先生の姿がありました。佐久間裕之先生の基礎・基本に徹した授業力はどこの会場でも参会者の注目の的となっていました。この先生のもつ実践のコツを全国の若い教師に紹介したいと考えました。それは、様々な場で研究会に参加して、若い教師たちが、実践向上のヒントを求めていることがわかったからです。私も最後に若い教師たちからヒントを得て創った物語をつけ加えさせていただきました。

ゆえに、第一章は『リーダーの生き方』として「人間の生き方の基礎・基本」を私が執筆し、第二章は、佐久間裕之先生に『教師力』として「教師の力を出す基礎・基本のポイントとなる指導アイディア」を執筆していただきました。

帆足文宏

＊リーダーの生き方と教師力＊目次

第一章

リーダーの生き方

――人間の生き方の基礎・基本

(一) 人間力～どんな生き方の型がある？

〈人間の魅力は、心を型に表し、型に心を入れることからでも見られる〉

●寺で学んで考えたこと

「人間力豊かな人」とは、示された生き方の型に学び手が感動し、学び手が、その生き方をモデルにして行動しようと生きる意欲を高めている人物といえます。

私にとって魅力のある一人は、寺修行したときの和尚さんです。そこでは、和尚さんの指導が、博多人形のようなつるつる頭のお弟子さんに表れ、厳粛な中にすがすがしさを感じとることができたのです。

私が、家庭の事情で、寺で育てられることになった日のことです。本堂へ通ずる敷石の間には、雑草が一本もありません。境内の美しさに足が止まりました。応接間に入ると和尚さんが、正座をしておられました。その威厳のある姿は、悟りきった別世界の人物のように見えました。私たちが、和尚さんにお辞儀をしたとき、そばの障子が静かに開き、丸坊主の清潔感漂ったお弟子さんらしき人が、お茶を運んできました。そして、湯飲み茶碗、急須をのせたお盆を左に置き、両手を揃え挨拶をされ、お茶を注いで和尚さんへ、そして私たちの手元へ置いて、静かにもどりました。その流れるような自然な作法の美しいこと。私は、その美しい動きに吸いこまれてしまいました。

「美的環境は人の動きを美しくする」まさにその光景をみたのです。

寺という環境に、先人が生み出した精神文化の貴重な宝といえる「法」(きまりのある生き方)が守り受け継がれている姿を見たような気持ちになりました。

こうした秩序のある行動が生かされるのは、寺や学校などの儀式・行事が形になって表されるときです。

型は心を育て、心は型を創る人間の生き方を示しているといえます。このように考えると、人間力育成は、先哲のつくった生きる知恵を実行してみることにあると思います。

●生き方の知恵に学ぶ　～型で心を育てる～　時の変化を感じ、今成すことをせいいっぱい行う

一日は、日の出に始まり日が沈むことで区切りができる。太陽に感謝し、昼間はいくつかの区切りの時間を守り、十分働き頭を使う生活を基本にする。

寺では、朝五時に起床し鐘をつき地域の人たちへ一日の始まりを知らせる習慣があります。約一分間隔で九回、鐘の音は町に響きわたり、人々は澄みきった空気を吸って活動を始めます。

時刻を知らせ、間を取り行動を起こすという生活の積み重ねで生活リズムの型をつくるよさを感じとるようにするのです。

この生活を学校にあてはめてみると、一日の始まりの合図がチャイムであったり、あらかじめ示された時刻であったりして、このきまりのもとで子どもたちは、静と動の変化をつけて楽しい生活をしております。子どもも大人も時刻を守り、せいいっぱい生きることが生きる意欲を高めていくものと考えます。

◎姿勢・動き・声を整えて健全な身体をつくる

戦後、結核にかかっている人々と同じ屋根の下ですごした私の小学生時代のことです。小学校に保健所の先生がみえるたびに、小学生の私の胸に異常があると伝えられ、親も担任も、大変心配していたようです。保健所からの判定は要注意でなく、「要休養」というのです。

私は、この言葉を無視して、友だちと毎日たっぷりと遊びました。疲れて帰り夜はぐっすり、また次の日も真っ暗くなるまで遊び続けるといった毎日でした。これには関係者は、

「この子は、どうなってるの。不思議だ。」

と言い続けていました。

そのうち、親のすすめで寺に入り、修行というと大げさになるが型を守る生活を寺で七年間行うことで、胸の影がすっかり消え、別人のような姿となり、たまに漢文を読むときの声も透き通ってきたのです。型のある生活が体をつくり、体づくりが心を育ててくれ声まで整えてくれたことに感謝をしました。健全な身体には健全な心が育つことを証明してくださったというわけです。

㈡　人間としての魅力づくり　教師としての魅力づくり

人間力を磨くために　～　生きる知恵を学ぶ

人間力とは、「人が生を受け、人間として成長していくにあたり、親や学校の先生、近所の人々、友だちなど、自分を取りまく様々な人々に出会い支えられ生かされて、人間性豊かに成長している人の魅力」と考えてみました。

私は、公立の教師養成塾で、㈱イメージプランの社長をはじめ、各界の会長・学校長などから人間の生き方を塾生と共に学び、今、改めて、自分を回想してみました。すると、三十年前、また、四十年前の大きな行き詰まった人間関係、さらに東京という大都会においての教師として仕事をする意味を考え、悩みこんでいたことが鮮明に浮かんできました。

特に、人間関係回復のため、自分の意志をよく伝えられなかったことについては、その後苦悩の連続でした。そのころは、毎朝「命の絶ち方」を考えていました。でも、そのたびに中学生のときの師であった和尚の姿が浮かんで私の落ち込む行動をとめてくれたように思います。

このことがあってから、和尚から学んだ「生死の中に悟りあれば生死なし」という言葉を今日の私の生き方の基本にしております。

次に各界の方々から学んだ生き方について、そして私の考えたことを述べます。

●各界トップの哲学に学ぶ

――教師養成塾・杉並師範館で講義をしてくださった講師の言葉――

学ぶ

（前杉並区長）初代理事長　山田　宏　先生

①自己を磨き教師のリーダーとして育つこと

◎自己磨きに徹し、リーダーの中のリーダーとして力を発揮できるように努力すること。

←

リーダーとしての実力を身につけるため、宮本武蔵のように事に敏感に反応する人となれるよう師範館を修業の場のつもりで自己磨きをすることが大切である。

◎子どもを生かすために最善をつくすこと。

小学校教師で、全員の子どもの長所を観察する鋭さをもった実力者を紹介してくださった。一人一人に生きる意欲が育つように指導できる力をつけることが大切である。

考える

〈日々心くばり言葉くばりで動く人へ〉

○人間完成に上限はありません。生涯を通し自己修業することが人格を完成していく道と考えます。

ゆえに、果てしなく先が遠い道のりを日々新たな気持ちをもち小さな改善を確実に積み重ねていくことで価値ある変化を創造していくことができるといえます。例えば、「身の回りの整理整とん」「周囲の人と気持ちのよい言葉を交わす」などです。

◎常に相手の立場にたって考え行動する心を育てることです。自分の主張したいことを相手に受けとめてもらえるか心をくばり言葉を選んで、表現するのです。この努力回数が大切です。

（株）イメージプラン代表取締役社長　二代目理事長　田口　佳史　先生

②自己の哲学をもち磨くこと

「大学の道は、明徳を明らかにするにあり」

学びの書として四書（大学・中庸・論語・孟子）の一つ『大学』を範読されて、書き出しの一文にこめる生き方を「自己の最善を他者のためにつくしきること」と説かれた。

そのためには、自分が整い安定するよう自己磨きをし、物事の順序をわきまえて行動することが大切である。物事の順序をわきまえるとは、まず初めに他者のためにつくすという哲学をもって筋を通して行動するということである。

考える

〈哲学を磨く〉

〈順序の初めは人間（子供）理解に最善を尽くすこと〉

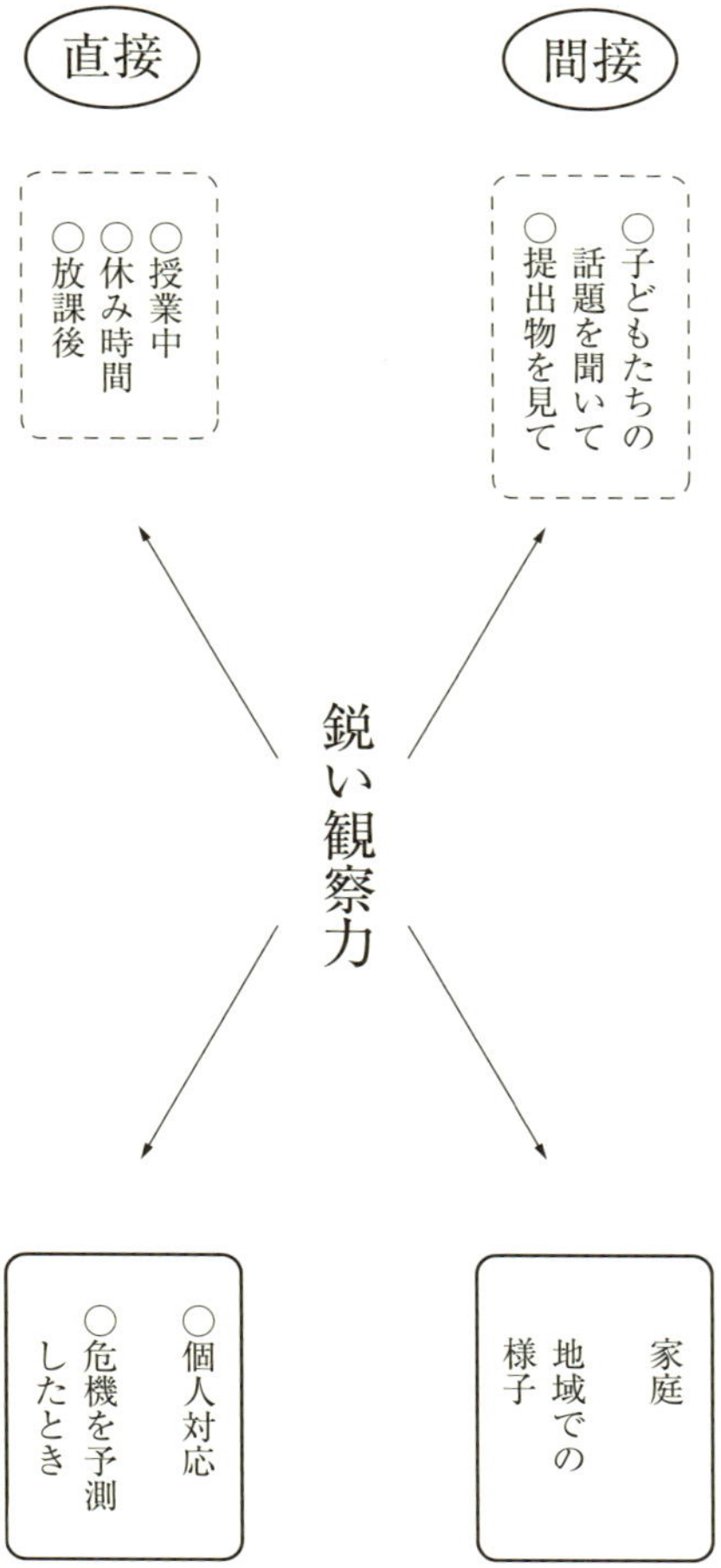

杉並師範館初代塾長・元米国ソニー会長　田宮　謙次　先生

③個の確立

個性発揮

協同性発揮

～調和をとってブレない精神で行動すること

（趣意書の精神を貫くこと）

一人一人の個性を発揮しながら目標を掲げ組織を機能させながら、協調性をもって行動できるようにすることが重要である。

社会の課題解決に思いもつかない考えが浮かんでくることがある。これこそ、大切にして、その考えが貫けるか人の声によく耳を傾け、相手の真意を見極め、この考えの先にどんな明るい姿があるか見極めて行動することが大切である。

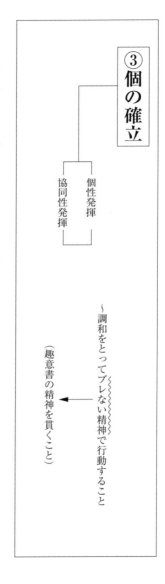

夢をもって事を成しとげる力

個性　協調性

ブレない精神力で

〜

そのためには

○学びに
徹する

○基礎技能訓練に
徹する

○人の話を
徹底して聞く

○夢に向かって
あきらめず
前進することに
徹する

〜

そのためには夢を目指している人に学ぶ

起業する人
人々の求めることに
挑戦している人

ピアニストめざして
小中学生から夢を
訓練に徹している人

タワー成功から
宇宙のエレベータ
づくりに挑戦している

杉並師範館二代目塾長・前放送大学特定特任教授・長野県坂城町 町長　山村　弘　先生

④日本人としての心を示せる人に

日本人としてのアイデンティティーを
明確にしておくこと

日本人は、自然と融合・共存文化をもつ
多文化を柔軟に取り入れている

⬅

雪月花の心を持つ日本人として、すばらしい文化を伝えられる人に育つこと

アイデンティティーの確立
世界の人々に信頼性高く
認め合いのできる日本人に

↓

日本人の美意識に感動する

〈道元禅師〉
春は花
夏ほととぎす
秋は月
冬雪さえて
すずしかりけり

〈松尾芭蕉〉
古池や
蛙飛び込む
水の音

上品な言動に感動する

感謝の心の言葉
ありがとうございます
どういたしまして
すみません
どうぞどうぞ

戸の開閉
ノックして、あいさつ
そっと開ける
一礼してそっと閉める

歩行姿勢
腰骨を立ててゆっくりと
靴の音をたてずに堂々と

元日本銀行総裁　三重野　康之　先生

⑤自分の頭で考えること

そのため読書力を高めて自分をつくること

読みの習慣
読みの訓練

速く読みこなせること
速く理解できること
多くの種類の本を読みこなせること

多様なものの
見方・考え方を
即吸収できること

人々を納得させる

リーダー性の高い自己を確立し、自力を高めることが重要である

多様な情報をもとに考える

メディアから
- ラジオ
- 新聞
- テレビ
- インターネット

人々から
- 講演
- 日常の雑談

読書から

場面から
- イベント
- 様々な環境

自分の考えをもつ

考えを深める

↓

自分の頭で考えて、考えを確立する
(自分はどういう傾向の考えを持つ人間か
だれと似ているか　全く考えの違うところはどこか)

↓

考えたことを実現可能にする

↓

生涯生活（生きる力となる）

↓

夢に向かって進む

学ぶ

哲学美学比較研究国際センター長　今西　友信　先生

⑥善く生きる力をつけること

そのためには、創造的に生きることである。

先生は、哲学を語りながら人に哲学を伝えるとき、伝える内容を吟味しながら、話し手がまずよい聴き手になってうなずきながら聴いてほしい相手によく伝わるようにゆっくり話された。そして次のように言われた。

人の話が正しいかどうかは、聴き手が判断することである。

人はたえず創造的に生きることが大切である。

多様な情報をもとに考える

哲学者の哲学を聴き、自己の求める内容の実践者に学び、自己の哲学（生き方）を創りあげる努力が大切

自分はどんな人間かをみつめる行動を

創造的に生きる人々に学ぶ

○自分を静かに整える場を設けて本当の自分を知る努力をする

○尊敬する指導者に生き方を学ぶ

●人々の救助や介護で活動するロボットを研究している人に学ぶ

●人類のために役に立つミドリムシなど昆虫の研究者に学ぶ

これらの人々は、専門的技術力と人間性・社会性の両輪をもって前進している。人間力豊かな理想の人間の姿といえる。

そこで人を育てる指導者に育つには、哲学者に学び求める内容の基礎・基本を定着させるよう、間をとってよく熟慮し、納得いく考えをつくりあげていくことである。

(株)イエローハット創業者　鍵山　秀三郎　先生

⑦凡事徹底で、感性を磨く

平凡と思われることでも
心をこめて継続すれば非凡となる
(善いと思ったこと・社会のためになることは心をこめて継続すること)

今掃いたあとに落ちた一枚の落ち葉に美を感ずる

落ち葉の季節に、何日かためてから掃除をするのではなく、毎日掃くのである。
そして掃き終わった瞬間にひらひらと舞い落ちた一枚の落ち葉には風情を感じる。
豊かな感性が磨かれているときである。

考える

まず清掃。この習慣は整理整とん意識を育て、清掃したところに、一輪の花を飾りたくなる美意識が芽生える。

また、机上のパソコンやノートが整って置かれるようになっている。

〈毎日清掃〉

継続は感性磨きとなる

○一枚の落ち葉が舞い
　落ちる

〈一輪の花〉

○整とんした机上で
　一輪の花が光る

(環境は人を育てる)

●仕事場の
　玄関・周囲への整美意識
　を育て自然に行動できる
　人へ

(四季の顔をつくる)
(玄関(入口)は家の顔)
(玄関は学校の顔)
(玄関は職場の顔)

元テルモ㈱代表取締役会長　和地　孝　先生

⑧人の心に火をつけるリーダーになること

・時流に流されず自流でやる
・最も難しい仕事は、トップが自らやる
・選択に迷ったら難しいほうを選ぶ

（リーダーの姿勢の示し方で組織の全ての人びとが心を燃やしてやる気を高めるものである）

人の心に火をつける人になる
一人一人の真心ある行動を見抜き
生かすリーダー力こそ大事

↓

日常生活における行動が大切
感謝の言葉かけ

いつも
ありがとうございます
U字溝清掃
廊下のすみをふく
公園に花壇植え

（判断・決断をする）

率先垂範

清掃

↓

やってみせ
まねさせて
できたら責任をもたせ
高く評価して
やる気が高まるようにする

九州大学名誉教授　井口　潔　先生

⑨人間が育つために愛情をそそぐこと

霊長類のヒトが人間に育つには、生命体が誕生して成長していくにあたり、豊かな感性がそなわるように愛情豊かな大人のかかわりが大切であること。

人は、感性が豊かになり、知性が重なって成長していくので、乳幼児にあっては、感性がよく育つために愛情豊かに育てることが大人の役目である。これは、生物学的視点からの考えである。

心が安定することで子は育つ

「つ」のつく年齢までだっこして育てなさい、
という言葉を聞いたことがある。
（一つ、二つ、三つ、四つ、五つ、六つ、
七つ、八つ、九つ（九才まで））

実際には、子どもによっては、スキンシップの強さにより、はやく親離れして、大人から学んだ事をまねしようとすることもある。

ゆえに、だっこするとき、だっこの時間、だっこの強さ、兄弟・姉妹がいるときなど、かかわり方を変えて愛情をそそぐことが大切となる。

元ＮＨＫ解説委員　野原　明　先生

⑩自分の考えをもって主張できること

社会の変化に主体的に反応し、国際的視野にたって深く考え、日本人としての自己のあり方を明確にして行動すること。

周囲にふりまわされず

責任をもった考えで着実に前進すること

どんなに激しい変化があっても、適切に対応する力がつけられるように、日常、児童・生徒・学生は、夢中で勉強し自分で考える力をつけておくこと。

よく勉強し、自分に責任をもつ生き方をすること。自分をよく知って改善が働くような適切な対応を考える。

⬇

「自分はどうすべきだったか」
「自分は何ができるか」
「何を成すべきか」

⬇

自分の問題とすることが大切

⬇

いじめ

× ぼくだけじゃない

↓

○ ぼくが悪かった

↓

◎ 仲良しになれること

学びにおいて、
例えば日本とイタリアの面積の違いを計算するときの方法を考えるには、

どんなみかたをするとよいか
どんな計算をするとよいか

⬇

見当をつける方法をグループで考え合うなどして、
自分のものの見方を改善しながら、自分の責任で常にものごとを考えとおす力をつけることが大切となる。

青年塾代表　上甲　晃　先生

⑪万事研修

与えられた仕事は感謝して行うこと

人生に無駄なことは一つもない。
与えられたことは、喜んで受け、
心をこめて行うこと。

⬅

この姿勢が、人の願いを読める人になる。

——自分のすることを追求し続けること——

本当の自分に気づくために

自分の頭で考え続け、

納得いく生き方がみつかったら

挑戦する。

↓

それには、人の生き方の本を

多く読んで考える。

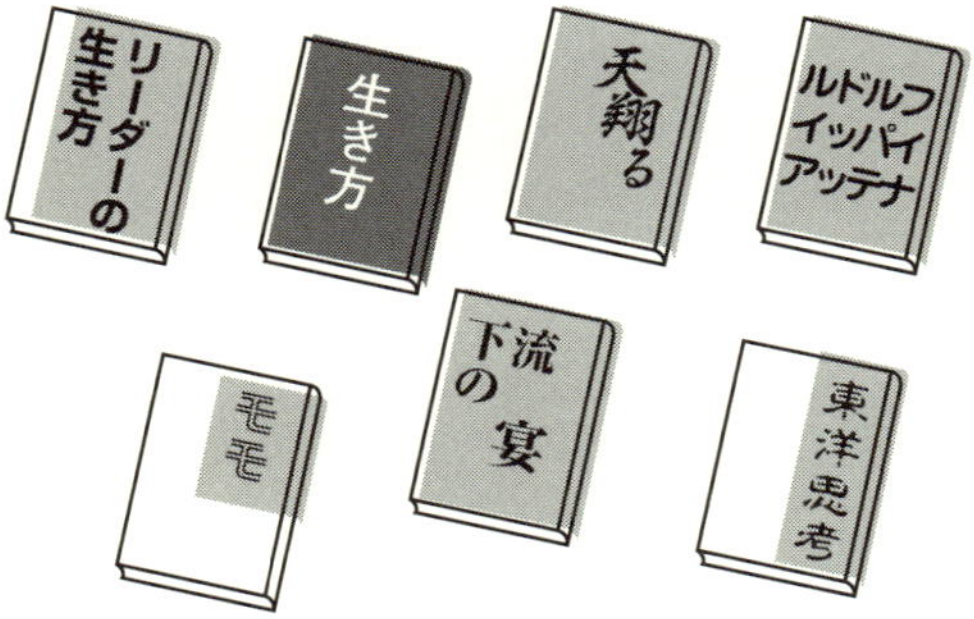

また、ボランティア・

研究会に

参加して

新しい生き方を

見つける

日本銀行北京事務所長　キャノングローバル戦略研究所研究主幹　瀬口　清之　先生

⑫知行合一

自分という人間を出しきり
心と言葉と行動がつながる人になること

知行合一こそ、その人間の価値が表れる

決めたら
知ったら

（ぶれない
逃げない
あきらめない）
↓
やりとおす
生き方をすること

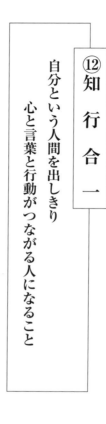

自分らしさを発見

人のためやることを決め
実現可能なところまで考え続け
実行に移すことで
人間に生まれた価値を実感するものである。

〈有 言 実 行〉

希望を持ち
計画的に
意欲を持続
←
ねばりづよく
根性磨き
←
努力　努力
努力　努力の
連続が
自分らしさを
にじみ出す

モデル

・オリンピック選手
・物創り工場主
・村の危機回復者村長
・就職率100％大学長
・ノーベル賞受賞者

学校教育が自分らしさを出しきるためのかかわり・
自分の位置・かかわる方向を考えて行動する

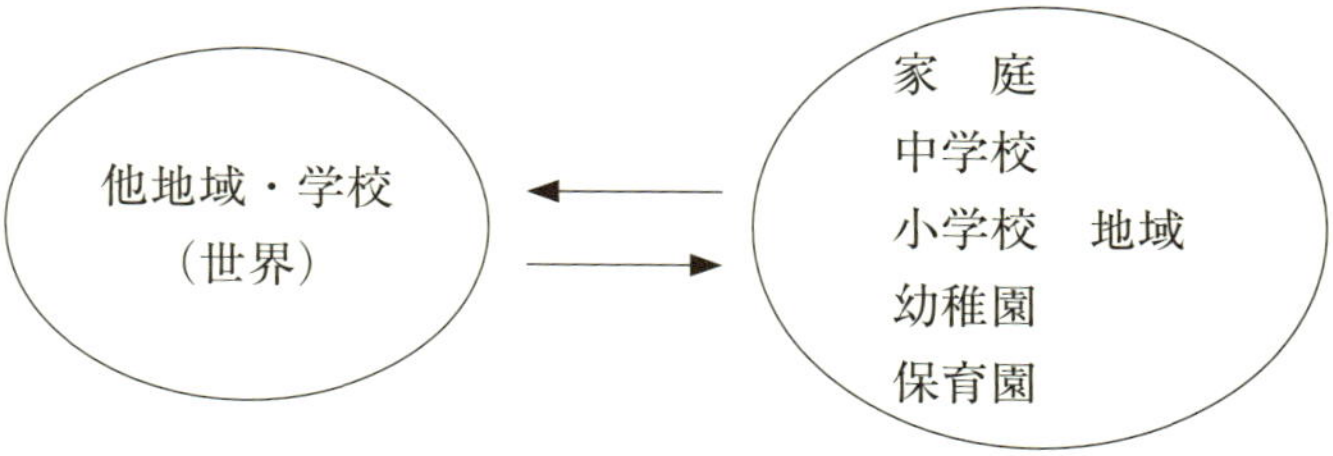
他地域・学校
（世界）
家　庭
中学校
小学校　地域
幼稚園
保育園

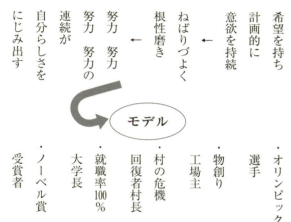

国立大学法人秋田大学前理事　白滝　一紀　先生

⑬かかわりを重視する生活をつくる

老若男女のかかわりを重視した生活でお互いの言葉が醸成されて創造力の根源をつくることができる

学力の高いところには、老人と子どもなどの豊かなかかわりあいのある生活がある。雪の降り続く山奥などでは、いろりを囲み大家族が会話する楽しい場面が続く。そんな中では、世代間で使う違う言葉の意味もお互いに理解されていく。人のかかわりは情緒を安定させ思考力を育て創造力の元をつくり出しているといえる。

はじめて出会うことにも
瞬時に判断して
創造力を発揮させる
ようになる

↑

自分の頭で考える練習

○いろりを囲んだ会話の生活
○寮などで食事の後、様々なタイプの
人たちで時代の疑問をテーマに
討論する

↑

何でもできることは体験する

○好奇心をもって、体を動かし考える
ことを楽しむ（言葉がふえる）
○リズムのある生活で規範形成ができる
ようにする
（あいさつ・時間厳守・信頼関係ができる）

日本証券代行（株）取締役相談役　遠藤　勝裕　先生

⑭危機を予測し先手をとる

危機を予測し、先手をとって大衆の不安を読みマニュアルを生かしてＴＰＯに適した対策をつくり先頭にたって行動を起こすとき、リーダーの力が大きな成果となる。

●組織の中で自分の立場を人のために生かすことができること。

（阪神淡路大震災の際、日本銀行の神戸支店長をされていて、住民の不安を取り除くため、都市にある銀行をまとめられた。日銀は銀行の銀行といわれるが、こんな銀行のあり方も知った。）

考える

○組織のマニュアルを生かして
その時のリーダーのマニュアルを
つくって行動する。

○日常、最悪の事態を想定して
マニュアル訓練をしていく。

↑

危機の時の出番

最高責任者が先頭にたつ → 各関係の責任者へ手をうつ

（判断）

- 都道府県責任者へ
- 区市町村責任者へ
- 民間の団体責任者へ

↑

正確な情報の見きわめ

↑

各組織～大衆から、多情報を手に入れる

↑

平時の時の見守り

各部の責任者のもとでの使命感をもった仕事が行われる。

・報告
・連絡
・相談
3つを重視

上司は確認の生活をする

学ぶ

前玉川大学教職大学院教授・常葉大学教職大学院教授　小松　郁夫　先生

⑮時代の変化を読む力をもつこと

時代の変化により、教育のわく組も大きく変化していくときである。

●時の動きの中で視点を変えてものごとをみて行動すること

⇦

教育現場は、各教科・道徳・特別活動・外国語活動・総合的な学習の時間とあり、そこに必要な安全・交通・環境・金銭教育などが入ってきている。

新しい教育のあり方を考えて行動することが大切である。

――次の段階の学習指導要領改善点を構想する力をつける――

↑

○ＥＳＤ～持続発展社会を目指す

○インクルージブ教育～だれもが堂々と生きる
　共生社会づくりをする

○規範形成再興教育
　～０才から大人までの教育体系を
　みとおした体制づくりをする

○日本語教育と外国語教育のあり方の見直しをする

○総合的な学習の時間の行く先を考える

↑

幼・小・中一貫教育の体制づくり

幼・保一元化～子ども園誕生

学校・家庭・地域の一体化による
　　　　　　　　人格・学力・体力形成

↑

多くの人材をおくりこんで
　各教科・道徳・特活などの他、
　様々な教育活動を盛りだくさんうけもって
　教育活動をゆとりなくこなしている現実をみる

●塾生の学び

K塾生の場合――思考したら必ず行動する〈教師を志望する塾生の考えたこと〉

〈教師志望理由〉

小学校で恩師との出会いで学校を好きになった。今は、情報革命の時期にきている。世の中はコミュニケーションがうまくとれないことに起因する痛ましい事件が後をたたない。大切なのは、「コンピュータを操る人間のあり方」であるという思いに至った。そこで、伝え合う力のある人を育てたいと思い、初等教育の重要性を感じ、教師の道を考えた。

教師は、他者に対して善い行いをすることが肝要である。子どもの伝え合う姿は、教師の善い行いへの追求姿勢に感化されることでこそ養われる。追求の際、ポイントとなるのは、「思考したら必ず行動に移すこと」である。

⬅

中国古典を学んでこのことに気付いた。次のようなことである。

四端（惻隠・羞悪・辞譲・是非）の心がもとになり規範がつくられるということを学んだ。

そこで実習等において研修しながら子どもに四端の心が表れたら機会をのがさず心からほめるように意識した。この実践により生きることが楽しくなった。伝え合いは、他者の話にしっかりと耳を傾け何を伝えようとしているのかをつかむことから始まる。

このことが善い行いを深く追求することに通じると考えた。

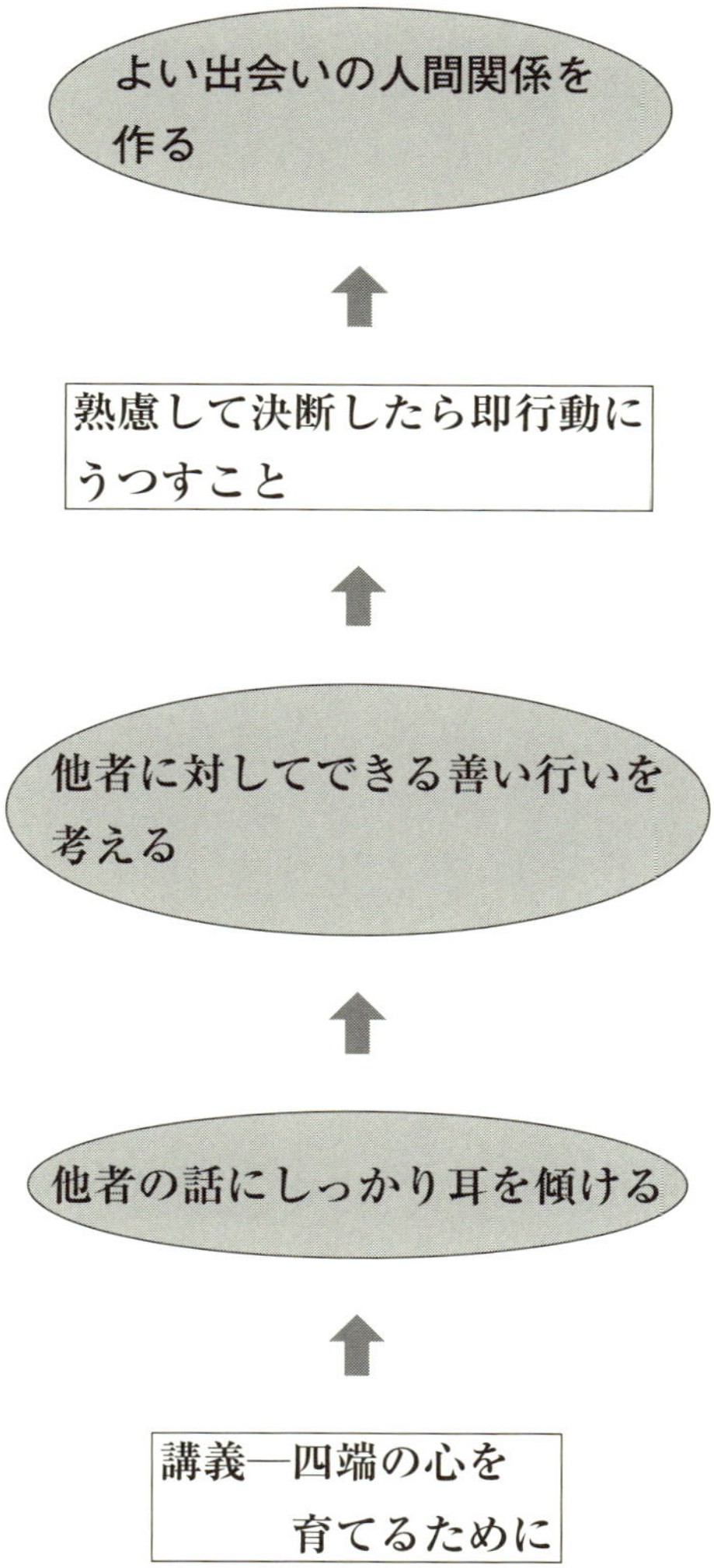
よい出会いの人間関係を作る
熟慮して決断したら即行動にうつすこと
他者に対してできる善い行いを考える
他者の話にしっかり耳を傾ける
講義―四端の心を育てるために

M塾生の場合――感化できる人間であること〈教師志望を決意した瞬間〉

小学校高学年の時の担任から言われたひと言。

「あなたは、先生になりなさい。なるべき人です。」

自己磨き研修をして考えたこと

人が生きていることに喜びを実感できるように育てるためには、

① 教師として学び手である子どもに教師の努力している姿を感じ取らせること。
（感化できる人間であること）

② 山本五十六が言った「して見せて、言って聞かせて、させてみて、ほめてやらねば人は動かじ」を実践することである。

ＫＯ塾生の場合――マイナス思考をプラス思考に〈教師志望理由〉

崩壊ぎみの学級をたて直すため夢中で努力をしている教師をみて、私にできることは教育だ。そしてこんな教師を目指すことだ。

⬅

① 子どもの感性を大切にして授業や学級経営に活かせる教師。
② 深く追求する思考力を育てられる教師。

教師になるための自己磨き

物事をありのままに見られる目とそれをよりよくとらえ、課題を解決していける人間を目指すことが大切

〈学び自分が成長したと実感できること〉
① マイナス思考をプラス思考に変えることができた。
② 周りのできごとに対して、出遅れてしまった自分をふり返り、これはいけないとやり直しができた。
③ 自分と異なる意見を吸収して自分に生かす経験をしてきたこと。

S塾生の場合――汗水垂らしてがんばる人に〈教師志望理由と学んだこと〉

小学校二年のとき、教師に算数の繰り下げの筆算でつまずきやすいところを、ていねいに指導してもらい、できる喜びを実感した。

このことがきっかけで、責任と覚悟をもって学ぶ喜びを子どもに与えられる教師になりたいと強く思った。

人間力豊かな教師となるには、タレントの発するメッセージより教師の発するメッセージのほうが魅力的であると思われる人間力を備えることが、大切であるということ。つまり、毅然とした一言と温かいかかわりのできる魅力を備えている人格者になることである。

教師養成塾の趣意書の中に、その存在自体がよりよい感化を生じる「気高い精神と卓越した指導力をもった教師」とあり、これが人間力の源であり、人のために真剣に考え行動する熱意であると考える。塾是に「キミもがんばれ　ぼくもがんばるから」とあり、人のため汗水垂らしてがんばる人になること、その姿が映れば人は感化され自分もがんばることができるのである。

Ｈ塾生の場合――価値観のリセット〈教師志望理由〉

ある企業で働いていたときのことである。

非典型雇用マーケットリサーチ企画に携わっていた。その際、フリーターといわれる若者たちに、「社会について」「人生について」「将来について」、本音を語ってもらった。

今後の企業と雇用のあり方をみるという内容である。

ところが、集まった三十人のほとんどが、「希望なんてもったことがない。」「夢なんてもっても無駄だ。」と言うので、強い衝撃を受けた。新しい時代を生きる多くの子どもたちに夢や希望を抱いてもらいたい、抱かせたいという思いが募り教師を志した。

学んだこと

「企業では、自分の感情より理論優先」

これまでやってきた過程よりその時の結果が優先される。この経験から築きあげられた価値観は、自信になっていたが、教師として人間のあり方を学ぶことで自分自身の視野を狭めてしまうことに気づいた。発想の転換の必要性がある。これまでトレードオフの中でバランスをとって生きてきた。学校は、自分の思いと教育がトレードオフすることはない。

子どもたちへ「知・心・体」を教えるには、まず自分が行動して後ろ姿を見せなければならない。行動するとは、多くの他者とのかかわりが増えるということである。

このように価値観のリセットは、自分の中の傲慢な気持ちを一掃できた素晴らしい経験になったと実感している。幅の広い視野をもつことができる人間こそ私の目指したい人間のあり方なのである。

E塾生の場合――自分が変われば周囲も変わる〈教師志望理由〉

二つある。

①教育者としての親の姿を見て、生徒に対して、私に対して、いつもおしみない愛情の行動をとっていてそれに感化された。

私も子どものために一生けんめいつくせる教師になりたいと思った。

②小学校六年の時の担任が、温かい言葉をかけてくださり、自分を一歩前へ出す勇気を与えてくださった。子どものために骨身おしまず動きまわっている姿をみて「あのように私もなりたい」と思った。

「社会は、多くの人間関係の営みで形成されている。だから、他者に自己の最善をつくすべきだ。」という中国古典の講義に感銘を受けた。

学び考えたことは、「自分が変われば周囲の人も変わる。自分がされていやなことは人には絶対にしない。自分がされて気持ちのよいことは他者に対して返していくべきだ」という考えで行動する。

他者にしたよい行いは、いつかまためぐりめぐって自分にかえってくる。

T塾生の場合――グローカル化*に生きる子どもを〈目指す教師像〉

世の中は、国際時代に入って地球人として生きるこれからの子どもたちは、どこに足を据えて生きればよいか考えた。

⇦

それは、身近な地域である。地域に学び育った者として、地域に貢献できるよう地域に生きる子どもを育てたい。地域の学びを世界へ広げていける子どもを育てる教師を目指したい。

⇦

師範館でも「学び」によって、地域重視の考えはますます強まった。

初代の山田理事長の講義にあった「立派な日本人でなければ立派な国際人ではない」というお言葉を受けると、小学生の頭の中に描かれる立派な日本人の世界は、身近な地域である。地域で多くのよさを学ぶことこそグローカル化に生きる子どもを育てることになる。ボランティアを積極的に行い、地域の特色をつかむことである。

＊グローカル…グローバリゼーション（世界化）とローカリゼーション（現地化）の同時達成を意図すること。

グローカル化に対応できる人

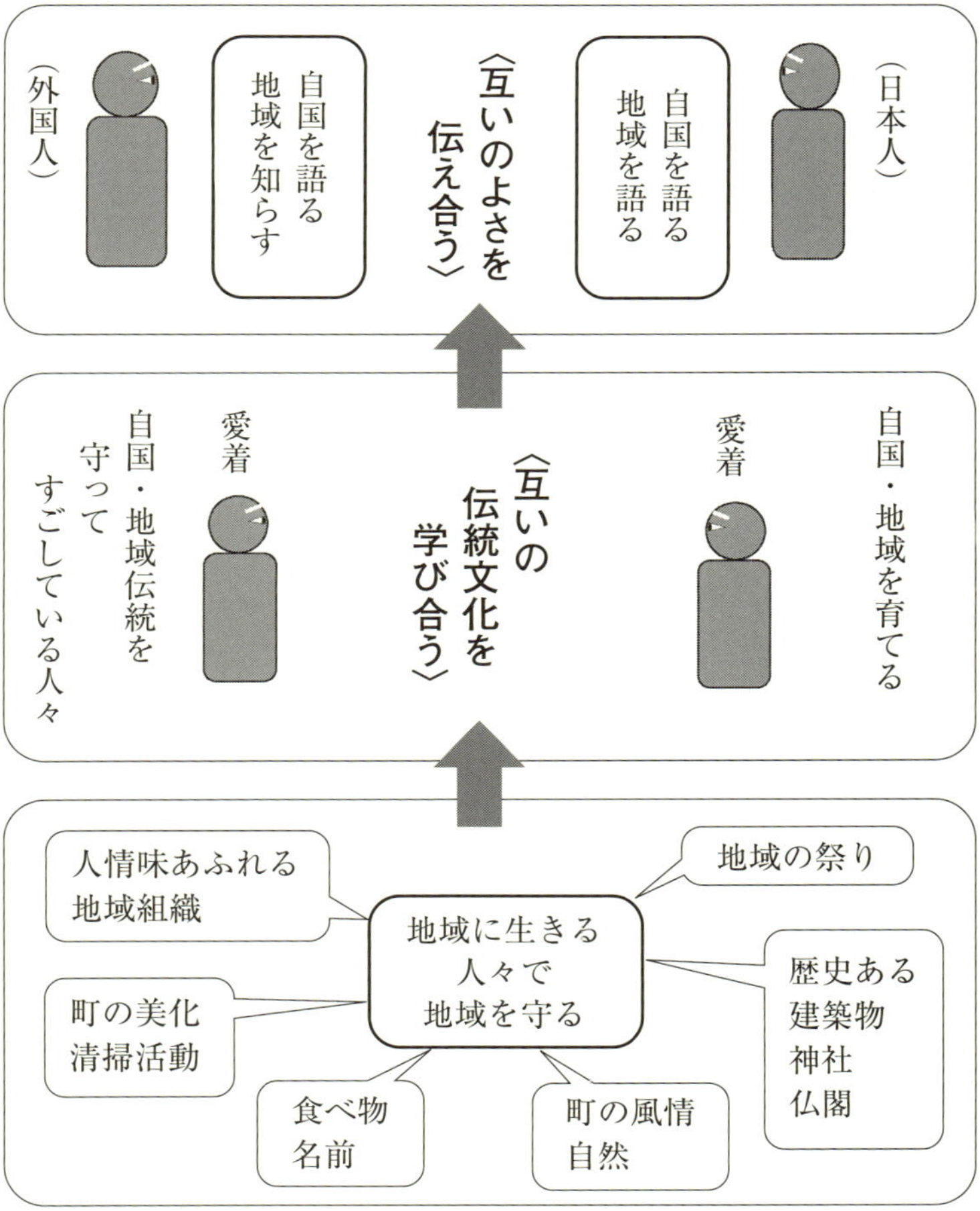

Ｉ塾生の場合――日々新たにすすむこと〈教師志望理由〉

①　中学生の時、担任の先生が、約束したことを確実に実行してくださり、心は教育の道へ動いた。

②　仕事に就き、非行少年たちの補導をしていて、善悪の判断力が備わっていないことを強く感じた。このような子どもたちが増加することを防がなければならない。

そのため、人間形成の基礎段階にある児童の指導をする教師の道を選んだ。

〈育てたい子ども像〉

①　本当の優しさとはどうすることか考えられる子ども

②　自分の人生を常に前向きにみて意欲的に生きる子ども

③　社会の中でルール、善悪の判断を理解し行動にうつす子ども

○小学生に人間性あふれる生き方をしてほしいと願ったからである。

塾生の学び

他者の成功の陰にある努力をたたえ、自分も負けずにがんばろうとする姿勢が大切であると考える。

日々新たにすすむこと

○子どもに、自分を信じ生きていく強さを身につけてほしい。

多様な体験研修をして自分の感性を磨いていきたい。

「キミもがんばれ　ぼくもがんばるから」

⇦

生き方の原点はこの言葉の中にあると学んだ。

ＫＭ塾生の場合――人間は最高の財産〈師範館での学び〉

突然友人が世を去ってしまった経験をして、師範館で学んでいくに従って、「生きる意味」について深く考えるようになった。

何のために生きなければならないのか を考えた。

それは、私を必要としてくれる人がいてくれるから生きる責任があると思っている。

せっかく天からいただいた命を生きるなら誰かに必要とされたいし、私を必要としてくれる人に何かしてあげられる人間でありたい。

誰かのために自分の生を輝かせたい、共に生きたいと考えるようになった。

「他者に最善をつくす徳」「徳を積む」意味が分かった。

講義を生活に生かしていきたい。

考えを進めて

「人に学び共に豊かに生きる」ということについて

⬅

> この世の中にある自然以外のものは全て誰か人間の頭の中に思い浮かんだものが現実となった姿である。
> 人間とは、考えたことを実現させてしまうものすごい力をもっている。
> 日本は、資源に乏しい国である。ゆえに人間そのものが最高の財産として大切に育まれてきた。共に豊かに生きているのである。

吉田松陰の『留魂録』から〜「未来にたくした思いや教えを後世に伝えてくこと」は、大事な使命である。

歴史を学ぶことで共に生きる願いが変わらないことが分かる。

YO塾生の場合――授業力をつけること〈教師志望理由〉

○小学五・六年の時の担任が何事においても真剣に子どもたちと向き合い、耳を傾けてくれた教師の魅力が心に強く残っている。

○教育実習で、どんな些細なことと思われることも真剣に向き合うことで子どもたちとの結びつきが強くなったことを感じとった。

このことから、

子どもたちは、未来を創造する大切な存在であり、彼らのためにする苦労は、自分にとって全く苦労ではないと心から思うようになった。

こうして育てる内容の

源は

↓

授業力

をつけることである。

子どもと心が結びつく授業

一人一人の子どもを真剣にみて授業をすすめると、子どもの理解状況がみえてくる。

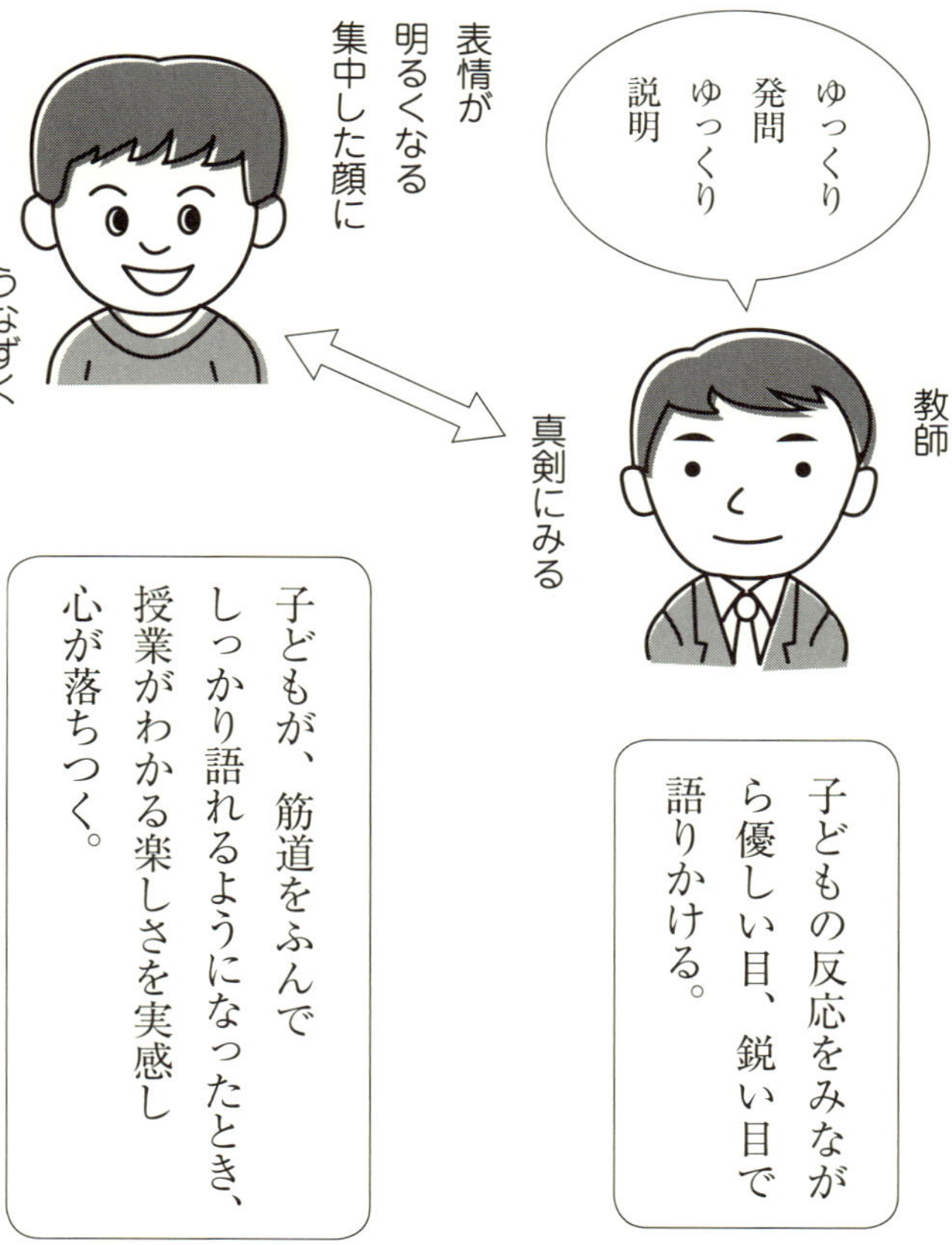
ゆっくり発問
ゆっくり説明
教師
真剣にみる
表情が明るくなる
集中した顔に
うなずく
子どもの反応をみながら優しい目、鋭い目で語りかける。
子どもが、筋道をふんでしっかり語れるようになったとき、授業がわかる楽しさを実感し心が落ちつく。

ＴＹ塾生の場合――未来を拓く人を育てる〈教師志望理由〉

○将来、誰かのため働くことのできる人材を育てる教師が必要。

⬅

●それは、人は、農業・酪農・漁業を営む人のおかげで食物を得て、命をつなげていくことができるから。

●電化製品のおかげで生活は便利になっているから。

●車産業の発展で日本の経済と技術は、世界へ誇れる水準へと達しているから。

●医療現場で働く人のおかげで健康な生活を手に入れ安心して暮らせているから。

⬅

ゆえに、

未来を拓く人を育てる教師になりたいと考えた。

考えたこと

人間・植物・動物がつながり合い、人間らしく生きる世界をつくる努力をすることである。

人間だれもがもっている「賢さ」「優しさ」「愚かさ」を理解し、相手の「愚かさ」を許せるようなゆとりある心があることで、相手が心を動かす時が必ずくると考えるからである。

〈学校教育についての考え〉

学校は、他者と共に生きていることを経験し、「互いに創造力を発揮して支え合う」学びの場である。この学びの場で、自分たちが他者や自然に生かされていることに気づき、他者のことを思いやる「関わり合い」を練習している。教師は、子どもたち一人一人が、自分の将来を積極的に想像できるよう支援することである。

A塾生の場合――考える人間に育てあげる（報告書前文の一部引用）

私が教師を目指しはじめたのは、バングラデシュで青年海外協力隊員として生活をしていたときからだ。それまでは、まさか自分が教師を目指すことになろうとは思っていなかった。国際関係の道に進もうと、大学では国際協力学を専攻し、卒業後に青年海外協力隊員として二年間バングラデシュに赴任した。

生まれて初めて、自分がマイノリティーとして外国で生活したことによって見えたことは本当に数多く様々であった。生活のあらゆる場面で日本のよいと思う点、悪いと思う点が見えてきた。どちらかというと、私はそれまで外国に憧れており、日本の良いところを見つけられなかったが、バングラデシュの生活を通して、それまでは当たり前としていた日本の習慣や文化のすばらしさに気づかされる毎日であった。外国への憧れを強くもって行ったバングラデシュだったが、そこでの生活から日本への愛情や誇りももって帰国したのである。

日本とバングラデシュを比較して、国のあり方について考えたとき、その違いの根底には教育のあり方という大きな要素があることに気がついた。また、精神的につらいことも多々ある日々だったが、学校で活動している時や子どもたちと触れ合っている時は、なぜか自然と笑顔になって元気をもらうことができた。これらのことから、私は教育に携わりたいと強く望むようになった。

日本の教育のすばらしい点も多く見えたが、足りないと思う点も見えてきた。それは、今の日本は地域の教育力が低下しているように思う点である。バングラデシュでは、子どもはその地域の大人全員で育てるものとして、どこの家の子どもであろうと叱ったり声をかけたりしていたが、日本では残念ながらそういう光景はあまり見受けられない。経済的に発展した分だけ人とのつながりを、実感しにくく孤独を感じやすい状況にある。私は自分のできることを考え、この状況を少しずつ変えていく力になりたい。地域全体で子どもを育てていくのが理想だと考えるからである。

このような状況の中で、「教育に支援を惜しまない地域社会の実現を目指す」という杉並区の教育方針を知り、教師養成塾「杉並師範館」の存在も知った。これこそまさに私の理想だと思いこの師範館に入塾し、学んだ。

当初は、今の日本の教育に足りないものをどう改善していったらいいのか学びたいと考えていたが、師範館に通ううちに、今の私の良くないところをどう改善していったらいいか、私には何が足りないのかを考えるようになった。もちろん、日本の教育のあるべき姿についても考えてはいるが、それよりも前にまずは自分を高めていくことの方が、はるかに重要であることに気がついた。ものごとには順序があり、本末転倒になってはならない。大きな理想ばかり描くのではなく、まずは自分自身を高めることが大切だ。「己行うに恥あり」の精神を、杉並師範館での日々に出会った様々な人々から学んだ。

一、規範が確立された人間は、自己抑制ができる。

（一）これまでの考え

これまで私は、自己の規範を確立することを大切に生活してきた。自分でものごとを考えて規範を確立し、いかに自己主張するかということに力を入れて生活してきた。海外での生活経験で、異文化の人々とコミュニケーションをとるためには、自己主張が不可欠であったからだ。そして、ゆるぎない自己の規範をしっかりと確立することができれば、様々な価値観をもつ人々の中でもしっかりと自分を保ち、主体的に生活していくことができるということを学んだ。二年間生活したバングラデシュは、自己主張をしないと生活が成り立たない国だった。一列に並んで待つとか順番を譲り合うという習慣は全くなく人を押してでも自分が前へ出て行かないとバスにも乗ることができない。これらの経験から私は、自己の規範を確立する大切さを痛感している。しかし、杉並師範館での学びを通してこれまで私が考えていた「規範を確立する」ことと、真の意味での「規範を確立する」ということとの間には大きな相違があったことを学んだ。

師範館での学びで、理事長　田口佳史先生による講義で「社会は自己と他者によって成り立っている。自己と他者では、他者を優先しなければならない。人間は、利己主義になった瞬間に孤立する」というお言葉を頂いた。これは、いかに自分をうまく主張し、優先してもらうかを考えていた私にとってとても衝撃的だった。

二、**感化力のある教師を目指す**

私の理想とする教師像は、言葉だけでなく行動で示し、感化していくことのできる教師である。入塾当初、田口先生の講義で、「智は学習によって作られ、心は感化によって作られる。教育は学習と感化である。」と教えていただいて以来、ずっと感化という言葉が心の中にあった。そして、その後の就業体験や教育実習、また日頃特別支援員として働いている特別支援学級など、あらゆる機会を通して「教育は感化なり」ということを学んだ。

私の目指す教師像は、自分の中に真に確立された規範をもつからこそ他者を思いやることができ、自分の思いを感化として伝えていくことのできる温かく人間味あふれる教師だ。同時に授業力の向上を目指して日々努力し続けるような教師である。

日々周囲の人々から学び、良い感化をし合いながら「本当の」先生に向かって努力し続けていきたいと思う。

第二章

教師力

——教師の力を出す基礎・基本のポイントとなる指導アイディア

㈠ 言葉の力〜小学校における基礎指導法〜

①主語・述語の指導

いろいろな文から主語と述語を見つける

文は、主語と述語の対応によって、「何が」、「何（名詞）だ」「どんな（形容詞）だ」「どう（動詞）する」という形からなる。主語は、「は」「が」を手がかりに見つけやすいが、しばしば分かりにくいのは、主語が省略されている場合や、いわゆる複文の場合である。述語の部分から主語を特定したり、「（主語）がどうしたの？」と考えると分かりやすい。

1述語をもとに主語を見つける。主語から述語を見つける。

○今日は、空がとても青い。↓「青いのは何か」と問えば主語＝「空が」と分かる。
「空はどんな（様子）か」と問えば、「青い」と対応していることが分かる。

2主語が省略された文や、倒置の文、複文から主語と述語を見つける。

○「あの人はだれでしたっけ。」「ああ、（あの人は）井上さんです。」
○「ぼくはもう帰るけど、きみは。（帰る・どうする）」
○私が育てたアサガオが大きくなった。
○今日は、とくべつにきれいだなあ、この海は。

主語と述語にサイドラインを引こう

① うっすらとした朝の光がさしてくると、公園では鳥の鳴く声が、あちこちで聞こえてきた。

② 激しく泳ぐ人の姿が見える。

③ 父は、もう若くはない年れいである。

④ 静岡は美しい富士山が見える。

②慣用句・故事・ことわざ指導

慣用句・故事・ことわざを入れて、短いエッセイを書く

1慣用句・故事・ことわざを集める。【国語辞典や本を活用して、カードや新聞に】

①似た意味や反対の意味、同じ動物などから故事・ことわざを集める。

〈似た意味〉「かえるの子はかえる」＝「うりのつるべになすびはならぬ」など。

〈反対の意味〉「二兎を追う者は一兎をも得ず」⇕「一石二鳥」など。

〈動物など〉「犬猿の仲」「飼い犬に手をかまれる」「犬に論語」。「猫に小判」「猫の手も借りたい」「猫をかぶる」。「馬の耳に念仏」「やせ馬の先走り」など。

②体の部分から慣用句を集める。【クイズやカードにする、みんなで小冊子を作る】

〈足〉足が地につかない、足が出る、足がつく、足が遠のく、足が棒になる、など。

〈血〉血が騒ぐ、地となり肉となる、血の通った、血の気が多い、血も涙もない、血を引く、血を分ける、など。

2慣用句・故事・ことわざ入れて、世の中の出来事やニュースから短いエッセイを書く。

身の回りの出来事を取り上げ、格言・ことわざを意見のよりどころとする。

短いエッセイを書こう

実際にあった出来事
●自分のまわりで
●世の中で

↓

当てはまる慣用句・故事・ことわざを一例紹介

↓

言えそうなコメントで短くまとめる

最近、テレビでこんなニュースを報じていた。…………
「人事を尽くして天命を待つ」ということわざがある。………という意味である。この出来事は、まさに…
私たちは、ここで立ち止まってよく考え……ことが大切ではないだろうか。

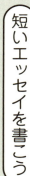

③接続語の指導

接続語のニュアンスの違いを考える

次の□に当てはまる接続語を入れさせる。教師は意図的に指名していくつかの意見を板書する。

> 足がいたいのをがまんして走った。
> □三位だった。

「だから」「しかし」「すると」「でも」「そして」「ところが」などが意見として出される。それらの違いを考えさせる。

まず、「だから」の場合と、「でも」の場合は、意味がどのように違うのか。

次に、これらの接続語を仲間分けさせる。順接のグループと逆接のグループに分けられて、同様の意味を表すことに気付かせる。

◆つけたい力　順接と逆接の意味の違いなどに気付くことができる。

足が痛いのをがまんして走った。
だから 三位だった。
≒ それで・そこで

○がまんしてがんばった結果、三位になれた。
○足が痛いのに三位でよかった。
○結果に少し満足している。

足が痛いのをがまんして走った。
でも 三位だった。
≒ けれども・ところが・しかし・だが

○結果に満足していない。残念な気持ち。
○もっと悪い結果だと思ったのに、案外よかった。そんなに悪くはない。

足が痛いのをがまんして走った。
すると 三位だった。

○走ったら、そうなった。
○「だから」「でも」のように喜んだりがっかりした感じがしない。
○前の文に続いて次のことが起こったという感じがする。

④外来語の指導

外来語の意味を知り、カタカナで書く

1かたかなで書く言葉を選ぶ。

外来語とは、主に西洋の言葉をカタカナ表記したものであることを知らせ、選ばせる。

○どうぶつ　あるばむ　ひこうき　かれーらいす　ちゅうしょく

2かたかな表記の中から、外来語を判別する。

かたかな表記するものには、外来語の他に擬音語・擬態語や動物などもある。その中から、外来語を判別させる。

○キツネ　カブトムシ　ピアノ　ドタドタ　ケーキ　パリパリ　ジュース　ネコ

3身の回りの外来語探しをする。

ふだんの生活の中で目にしたり耳にしたりする外来語を集める。教科書からもたくさん見つかる。中には、外来語かどうか迷うものもあるので、みんなで考え合うとよい。さらに、和語に訳せるものは訳すとどうなるかを考えるのも楽しい活動になる。（ボール→球）

例　アメリカ　サンドイッチ　インタビュー　ボール　フルーツ

外来語を見つけて、集める

外来語はどれ?

・ヒューヒュー
・イギリス
・キリギリス
・ワンワン
・クワガタ
・ゴロゴロ
・カメラ
・テレビ

外来語を集めよう

○街角ウォッチングをする。
（探す。）
○教科書で探す。
○図書室で、外来語について書いてある本から探す。
◎集めた外来語を分類してみる。
〈スポーツ〉〈日用品〉〈音楽〉
〈人の名前〉〈料理〉などから。

⑤漢字指導（6年）

部首の意味を類推するクイズを作る

部首をただ教えるのではなく、部首の意味をあれこれ想像し合う学習は楽しい。漢字の成り立ちや構成に興味を持てるようになる。

1学習の流れ（1～2時間）

①教師が、「のぎへん」などを示し、「これのつく漢字をいくつ書けるか」と問い、競い合う。（時間内でいくつ書けるかや、九ますの漢字ビンゴなど。）
②書けた漢字を発表し合い、板書に一覧化する。そこで部首の表す意味を類推し合う。
③漢字（和）辞典を開いて答えを見つける。
④自分たちでも漢字（和）辞典を使ってクイズを作り、問題を出し合う。

2取り上げたい部首の例

「のぎ偏」「れんが」「示偏と衣偏」「こざと偏」「しんにょう」「にすい」「行人偏」「立刀」「肉月」など。

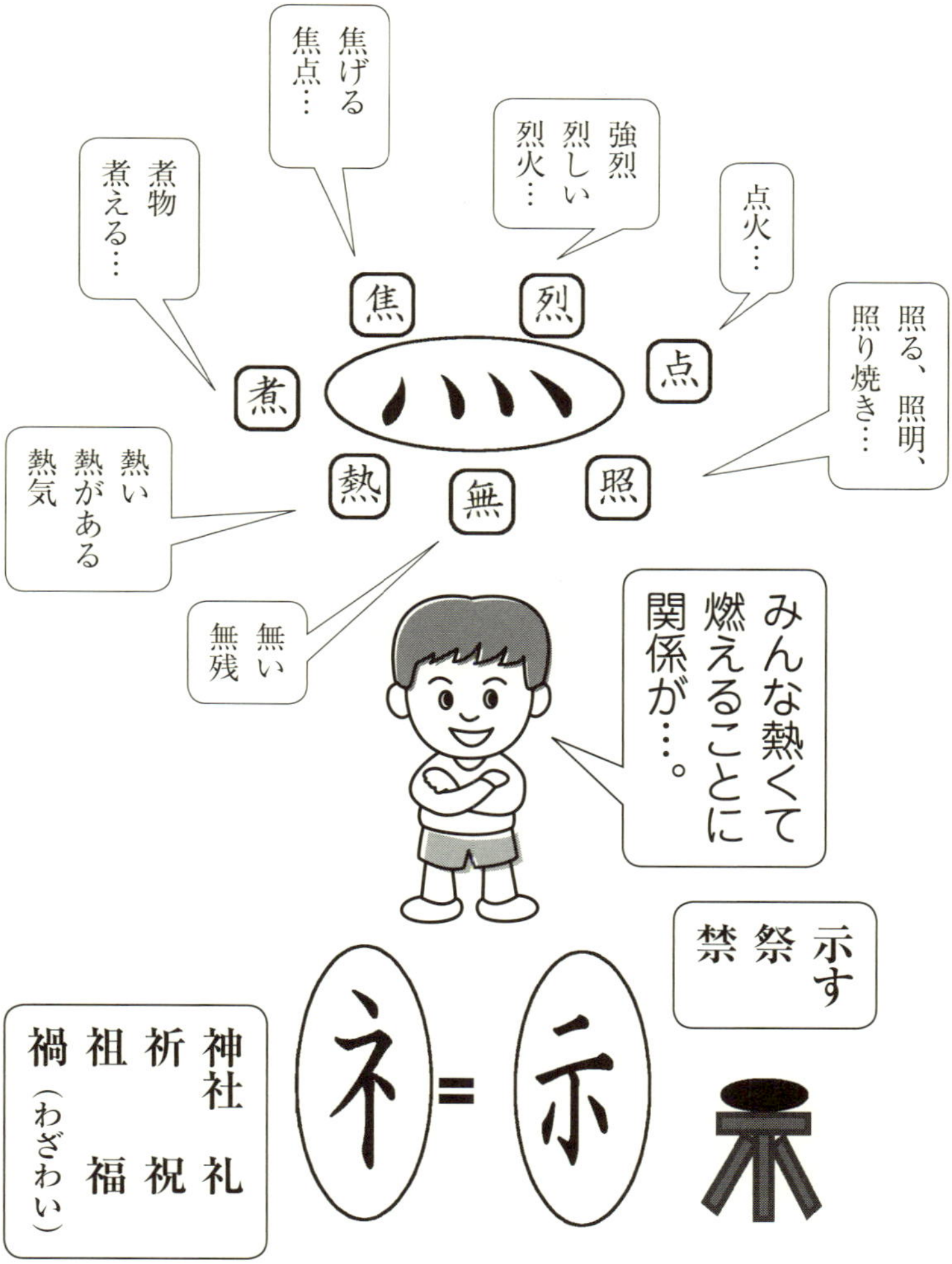
灬
煮
煮物 煮える…
焦
焦げる 焦点…
烈
強烈 烈しい 烈火…
点
点火…
照
照る、照明、照り焼き…
熱
熱い 熱がある 熱気
無
無い 無残
みんな熱くて燃えることに関係が…。
礻＝示
示す 祭 禁
神社 祈 祖 禍（わざわい）
礼 祝 福

⑥主題の読み取り方

『注文の多い料理店』（宮沢賢治著）で主題を読み取る

「主題」（テーマ）とは、文章における中心的な内容、作者の表現しようとした中心となる思想や内容のことである。厳密には、読者論的立場、作品論的立場、作者論的立場に考え方が分かれている。

ここでは、読者論（テキスト論）的立場として、作品が読み手に強く訴えてきた内容・価値を主題として読み取らせる。「中心人物がこだわり続ける人・もの・動物」（素材）に対して、そこに「読み手が想像力を働かせて〈意味・象徴性〉を価値づけることで主題を読み取っていく。

指導に当たっては、〈登場人物がはじめと終わりでどう変わったか〉に焦点を当てる。「登場人物は、はじめはどうだったのか」「最後にはどう変わったか」「変わらなかったところはどんなところか」を細かく見ていく。また、〈なぜ変わることになったのか〉を考えさせる。作品が強く訴えてくることと、これらのことを結びつけるようにしながら読んでいく。

『注文の多い料理店』（5年）

○格好をつけ、見栄を張る。
○動物の命を何とも思わない。
（命をお金で。狩りを楽しむ。）
○お金を第一に考えている。
○自分勝手。身勝手。
○えらい人と近づきになりたい。
○自まんしたい。

何をたとえている？
「都会と地方」「文明と自然」…

【読み手に強く訴えてきたこと】の例
○見栄をはり、お金が第一の身勝手な生き方は、よくない。
○自分勝手な生き方で、自然や命を軽んじるのはよくない。

変わらなかったこと。

□にわかに元気がつき
（うわべだけ）
□おうい、おうい、早く来い
（おうへいな態度）
□十円だけ山鳥を買って
（自慢したい、見栄っ張り、お金で買えるという考え）
＝
中身はあまり変わっていない。

変わったこと。

○顔がくしゃくしゃになった。
○元どおりには直らなかった。

⑦要点の読み取り方

「にせてだます」（３年）で要点をまとめる

「要点」とは、段落の中で中心となるところのことである。中学年では、意味段落の中で、要点をまとめさせる。方法は、次のようである。

①意味段落（の範囲）を把握する。
②中心となる文を見つける。
・それぞれの文が果たしている役割を検討する。（補足や具体的事例など。）
・広く全体を述べている文を見つける。（意味段落全体を表す文）
・一文に収まらないこともある。（例えば、事柄の推移を順を追って説明しているような場合）
③中心の文からキーワードを選んで、短い文にする。
・述語→（それに対応する）主語→補足するキーワードと、三つ見つけてまとめると、二十字前後になることが多い。
・最も重要なキーワードを最後にして体言止めにする方法もある。

「にせてだます」

緑色をした**カマキリ**は、草や葉の中にまぎれてじっとしていると、どこにいるのか分からなくなります。そのために、気づかずにちかよってくるこん虫を、かまの一げきでとらえて食べることができます。
これは、**えものをとる**ために**やく立って**いる**ぎたい**です。

キーワード

カマキリ

やく立つ

えものをとる（ために）

ぎたい

カマキリのぎたいは、えものをとるのにやく立つ。
えものをとるのにやく立つカマキリのぎたい。

⑧要約の仕方

「にせてだます」（３年）を要約する

「要約」とは、文章や話の全体または部分を短くまとめることである。

指導にあたっては、段落ごとの関係を考えながら、〈要点をつなぎ合わせること〉によってまとめることができる。

要約は、言語活動を支える一つの技能として、何らかの目的を持って取り組ませたい。「○○のために要約する」という、目的を含んだ設定の中で行うことが望ましい。

要約の仕方は、一つに集約することはできないが、方法としてはある程度定型化できる。

要約する方法は、次のようである。

①それぞれの意味段落の果たす役割を見つける。
・話題提示や、問いや、具体的事例や、まとめなど。
・段落相互のつながりを簡略化して、各段落の要点をたどるようにする。
③要点をつなげて、短い文章にする。
・意味段落の重要性ごとに軽重をつけたり、取捨選択したりする。

「にせてだます」

役割	段落ごとの要点
話題	自分の姿や色をまわりの物や様子ににせて他の動物の目をだますぎたい。
例1	こん虫のぎたいには、どのようなものがあるか。 食べられないために鳥の目をだます**しゃくとり虫のぎたい**。
例2	えものをとるための**カマキリのぎたい**。
結び	ぎたいはその虫が**生きていくための大切な特長**である。

食べられないように鳥の目をだますしゃくとり虫、えものをとるために目立たなくするカマキリのように、ぎたいは、虫が生きていくための大切な特長だ

⑨要旨の読み取り方

筆者の主張・意見が書かれている箇所を見つけ、まとめる

「要旨」とは、物事を解説したり意見を述べたりする文章の中で、筆者の言いたいことの中心となる内容のことである。

指導に当たっては、段落と段落のつながりをとらえ、文章構成を整理することによって、要旨の書かれている段落や部分を見つけることが大切である。

要旨を読み取ってまとめる例として、次のような方法がある。

①意味段落の要点をまとめ、文章構成図に表す。
②要旨の書かれている段落や部分を見つける。
・筆者の主張の書かれている部分を見つける。
③筆者の表現するキーワードをもとに、短くまとめる。
・文章中の用語から、筆者が伝えようとした凝縮した表現（キーワード）を見つける。
・キーワードを使って、少ない文字数にまとめる。

「イースター島にはなぜ森林がないのか」（六年）

①段落
②段落
…
具体的な説明や事例
…
㉖段落
㉗段落

【最後の段落から】

祖先を思う文化はさまざまな民族に共通であるが、数世代後の子孫の幸せを願う文化は、それほど一般的ではないのかも知れない。しかし、今後の**人類の存続**は、むしろ、**子孫に深く思いをめぐらす文化**を**早急に築けるか**どうかに**かかっている**のではないだろうか。

人類の存続は、子孫に深く思いをめぐらす文化を早急に築けるかどうかにかかっているのではないか。

⑩会話表現の読み取り方

『かさこじぞう』（岩崎京子 作）の音読で、会話表現をとらえる

「かさこじぞう」の「じさま」と「ばあさま」の会話のやり取りを音読して楽しむ。

音読しながら、「はて、このせりふは、どちらが言ったのだろう。」と考えながら進めていく。じさまが言ったか、ばさまが言ったかが分からないと、役割が決められない。

「ほんに、何にもありゃせんのう。」は難しい。会話なので代わる代わるに言っているはずだとか、「言ってからまわりを見回した」からばあさまだとか、「次に一ます空いている（改行している）」からじいさまだ」とか、いろいろ見方を考え合うことができる。

次に、「じいさまじいさま」となぜ二回も言ったか、と考えさせる。ばあさまのよい思いつきが言い方に表れたことに気付かせ、音読に表れるようにするためである。また、「おおおお」の読み方もみんなで出し合わせ、だれのが一番よいか楽しい雰囲気で演じ合う。

それぞれの台詞をどう読むかについても考えながら取り組ませたい。左ページのそれぞれの台詞は、元気のある読み方（○）で読むのがいいか、元気のない読み方（△）の方がいいか、書き込ませると比べ合うことができる。

『かさこじぞう』（2年）で役割を決めて音読する

① 「ああ、そのへんまでお正月さんがござらっしゃるというに、もちこのよういもできんのう。」

② 「ほんにのう。」

③ 「何ぞ、売るもんでもあればええがのう。」

じいさまは、ざしきを見回したけど、何もありません。

④ 「ほんに、何にもありゃせんのう。」

…

「じいさまじいさま、かささこさえて、町さ売りに行ったら、もちこ買えんかのう。」

「おおおお、それがええ。そうしよう。」

①②③を言ったのは、だれでしょう？
じ＝じいさま　ば＝ばあさま　と書き込みましょう。

「ほんに、何にもありゃせんのう」といったのは、じいさま？
それとも、ばあさま？

「じいさまじいさま」と、なぜ二回も言ったのかな？

「おおおお」の読み方を、みんなでやって比べてみよう。

⑪学習目的の作り方〈年間を見通して〉

十分間でできる、年間の「作文計画・話し合いシステム」を校内に作る

校内に共通の年間指導計画を

多くの学校では、「朝の読書」の時間や「朝の会」の時間を設定している。そうした中で、一週間のうちで一～二回なら、「ミニ作文」あるいは「ミニ対話」を設定するのはさほど困難ではない。校内の共通理解こそ重要になる。

大切なのは、「数多く繰り返してこそ上手になる」ことである。単元の中で一時にまとめて教えても、〈技術的・技能的〉なことはうまくできるようにはならない。それに取り組んだ日数こそ重要になるといえよう。

左に示すのは一例である。

校内で共通に、年間を通じて同じことを繰り返し行えば、授業の中でなかなか具現化できなかったことを、案外多くの児童が習得することだろう。

できれば、「とても簡単なサンプル作文」を各学級分用意し、掲示したい。校内の教師数名で分担して、異学年分をまとめて作ってしまうとよい。

※日付け設定は例

期	月日	内容区分	1年	2年	3年	4年	5年	6年
基礎・入門期	1月27日	紹介文	わたしのかぞくをおしえます(ペットでも)			私の家族紹介(ペットも可)		
	2月3日	想像	あったらいいな、こんなもの			あったらいいな、こんな物		
	2月10日	紹介文	わたしの友達			私の好きな場所		
	2月17日	想像	こわいもの			こわいもの		
	2月24日	報告文	いまがんばっていること			今がんばっていること		
	3月3日	紹介文	好きな遊び			好きな季節		
	4月15日	文字の書き取り / 想像	ひらがなの書き取り	あったらいいな、こんなもの		あったらいいな、こんな物		
	4月22日	文字の書き取り / 紹介文	ひらがなの書き取り	わたしのすきなあそび			私の家族しょうかい	
	4月28日	文字の書き取り / 経験・報告	ひらがなの書き取り	「かわいい」といえば…		ぼく(わたし)のズッコケ大失敗		
	5月12日	文字の書き取り / 想像	ひらがなの書き取り	あったらいいな、こんなもの ①		あったらいいな、こんな物 ①		
	5月19日	文字の書き取り / 紹介文	ひらがなの書き取り	わたしのすきなあそび		私の家族紹介		
	5月26日	文字の書き取り / 報告文	ひらがなの書き取り	係のしごと		委員会(係)の仕事		
取得・反復期	6月2日	視写	「あいうえおのうた」のすきなところを 視写	「たんぽぽ」のすきなところを 視写	「すいせんのラッパ」のすきなところを 視写	「こわれた千の楽器」の好きなところを 視写	「だいじょうぶ…」の好きなところを 視写	「風切るつばさ」の好きなところを 視写
	6月9日	感想	「あいうえおのうた」「おもしろかったこと」	「たんぽぽ」の「はじめてわかったこと」	「すいせんのラッパ」を読んで感じたこと	「こわれた千の楽器」を読んで感じたこと	「だいじょうぶ…」気に入った所と理由	「風切るつばさ」「気に入った所と理由」
	6月16日	報告文	身近な人にインタビュー(インタビューした内容から作文を書く)					
	6月23日	想像 / 紹介文 / 想像	わたしのすきな生きもの		わたしのまわりの人物しょうかい		行ってみたい場所 (もう一度行ってみたい場所)	
	6月29日	紹介文	読んだ本の紹介					
	7月7日	視写	「かいがら」のすきなところを 視写	「お手紙」のすきなところを 視写	「ゆうすげ村…旅館」好きなところ視写	「走れ」の好きなところを視写	「世界でいちばん…」好きなところ視写	「ばらの谷」気に入ったところ視写
	7月14日	感想	「かいがら」のおもしろかったところ	「お手紙」のおもしろかったところ	「ゆうすげ村…」を読んで感じたこと	「走れ」を読んで感じたこと	「世界でいちばん…」好きなところと理由	「ばらの谷」気に入ったところとその理由
	9月1日	報告文・新聞	なつやすみにこんなことしたよ		夏休みニュース		夏休み体験報告	
	9月8日	紹介文 / 感想	よんだ本のしょうかい		読んだ本の感想		本を読んで考えたこと	
	9月15日	想像	会ってみたいな (人・物・こと)					
	9月22日	調査・報告文	家族にインタビュー		友だちにインタビュー		「○○について」インタビュー	
	9月29日	手紙文	かぞく(家族)への手紙				○○への手紙	
選択・活用期	10月6日	(選択型)	選んで書こう (これまでの題名から選んで書く)					
	10月13日	(選択型)	選んで書こう (これまでの題名から選んで書く)					
	10月27日	(選択型)	選んで書こう (これまでの題名から選んで書く)					
	11月10日	紹介文・手紙文	学習発表会のしょうたいじょう(招待状)					
	11月17日	(選択型)	選んで書こう (これまでの題名から選んで書く)					
	11月24日	(選択型)	選んで書こう (これまでの題名から選んで書く)					
	12月1日	(選択型)	選んで書こう (これまでの題名から選んで書く)					
	12月8日	(選択型)	選んで書こう (これまでの題名から選んで書く)					
	1月19日	報告文・新聞	冬休みにこんなことしたよ		冬休みニュース		冬休み体験報告	
	1月26日	紹介文 / 説明文 / 意見文	ぼく(わたし)のはのみがき方		○○のやり方(使い方)		最近の出来事を、こう考える	
充実・発信期	2月2日	想像 / 随筆	お話の続きを書こう 1/2		物語を書こう 1/2		随筆・エッセイを書こう 1/2	
	2月9日	想像 / 随筆	お話の続きを書こう 2/2		物語を書こう 2/2		随筆・エッセイを書こう 2/2	
	2月16日	紹介文 / よさを伝える・報告文	わたしの先生 1/2		私の学校 1/2		私の学校・私の1年 1/2	
	2月23日	紹介文 / よさを伝える・報告文	わたしの先生 2/2		私の学校 2/2		私の学校・私の1年 2/2	
	3月1日	報告文 / 意見文	できるようになったよ 1/2		私の1年を報告します 1/2		私からのメッセージ 1/2	
	3月8日	報告文 / 意見文	できるようになったよ 2/2		私の1年を報告します 2/2		私からのメッセージ 2/2	

⑫楽しい目的を持って取り組む導入

昔ばなしから教訓さがし

1 昔ばなしの教訓を考え話し合う

「むかしむかし…」で始まる昔ばなしのうちよく知られるものを取り上げ、「ここからどんな教訓が見い出だせるか。」と考える。それをあれこれ意見を出し合って、みんなでなるほどと共感できる内容へとまとめる。日本だけでなく世界にも、取り上げたい昔ばなしは数多い。ことわざに置き換えることも楽しい。昔ばなし、民話、伝説、神話、寓話等、分野はいろいろあるが、子供たちになじみやすい話がよいだろう。

2 物語から教訓を見つけてきて、報告し合う

いくつかの昔ばなしを対象に教訓を考え合ったら、今度は自分で図書館・図書室へ行き、物語を手に取って読み、何らかか教訓を見つけることができた作品を報告し合う。これこれこういう話で、こういうことが教訓だと思う、と報告する。これは、物語文の主題・テーマを考える学習にとても役立つ。「人（世の中）は…ものだ」とか、「人（世の中）は…べきだ（のがよい）」、あるいはことわざなどに置き換えて表現する。

昔ばなしで教訓さがし（教訓はあくまでも例）

『三匹の子ぶた』
勤勉で、きちんと準備をする人間が賢い。

『北風と太陽』
冷たく厳しくすると人はかたくなになるが、温かく優しい態度を示せば、人は自分から行動したくなる。

『ウサギとカメ』
油断大敵。歩みが遅くとも、地道に努力すれば成果につながる。

『みにくいアヒルの子』
人を外見で判断してはいけない。人と違っていても悲観することはない。

『裸の王様』
直接耳の痛いことを言う人間を大切にすべきだ。

『アリとキリギリス』
備えあれば憂いなし。

⑬どの子も集中して静かに取り組む導入の工夫

情景を絵に描かせる

『十一本目のポプラ』（杉みき子作）という作品がある。冒頭の文章は次のようである。

> おかの上に、十本のポプラが立っていた。
> 風にふかれながら、だまって立っていた。
> おかの上からは、海が見えた。
> 水平線に夕日がしずむとき、おかの上で、
> 十本のポプラは、十本の金のほのおになった。

Ⓐ　Ⓑ

この「金のほのおになった」ポプラの簡単な絵を描かせる。「金のほのお」は赤で染めるようにする。教室はシーンとなり、文章を読み返しながら、鉛筆や赤鉛筆を走らせる音が静かに響く。絵は主に二つに分かれる。Ⓐポプラ全体が金（赤）に染まった絵、Ⓑポプラの周辺だけ金に染まった絵である。「なぜ、二種類の絵に分かれたのだろう。」「どちらが正しいのだろう。」と考えさせていくと、〈ポプラを海側から見ている〉か、それとも〈丘側から見ている〉かの違いであることに気付く。上向きにのびるポプラの形態と、金色に染まる様子を同時に表現した「金のほのお」とは、まさにうまいことを言った表現だと感じさせたい。

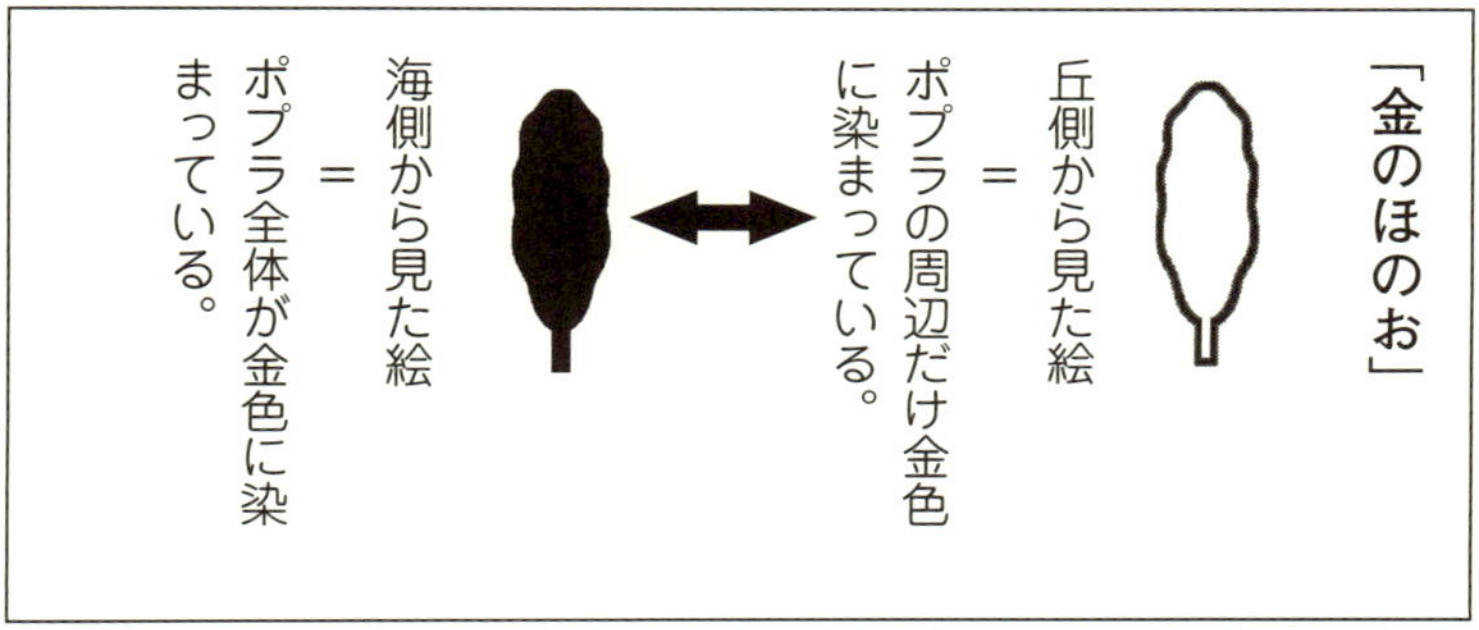
「金のほのお」
丘側から見た絵
＝
ポプラの周辺だけ金色に染まっている。
海側から見た絵
＝
ポプラ全体が金色に染まっている。

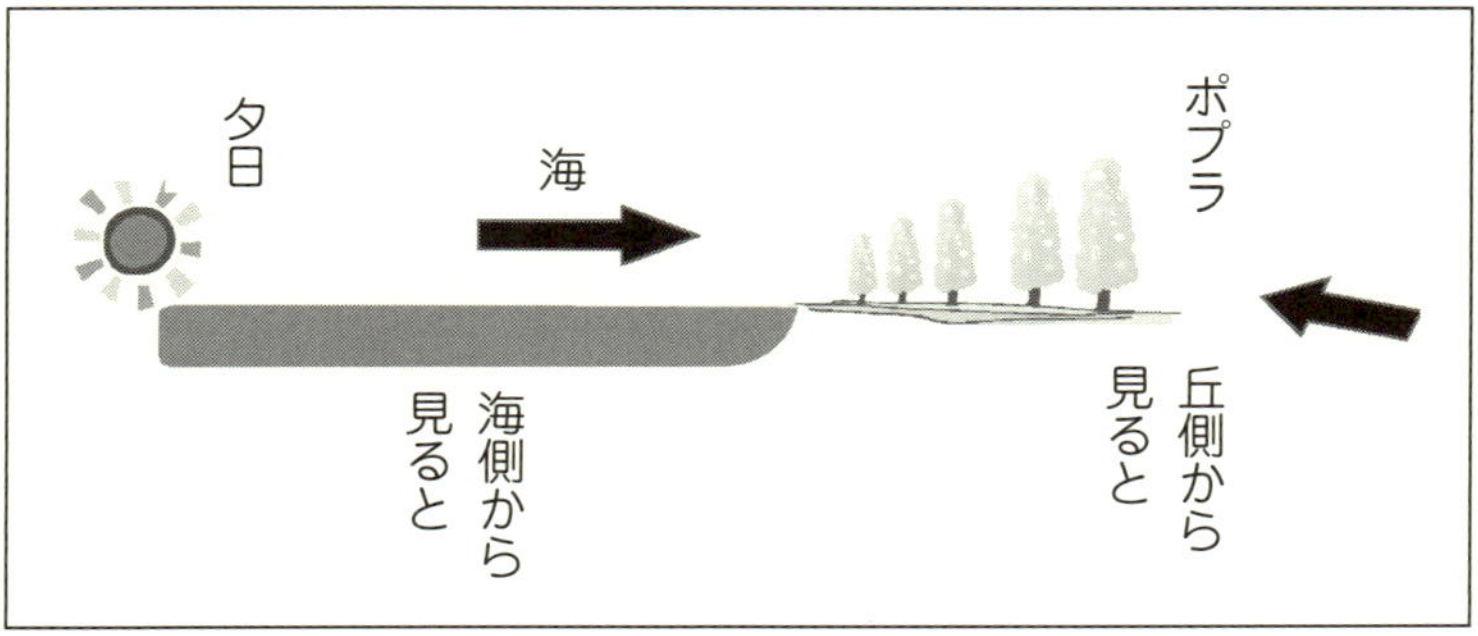
ポプラ
丘側から見ると
海
夕日
海側から見ると

物語の続きを読むと、一貫して丘側（ほとんどは丘の下側）から見て書かれた描写であることが分かる。つまり、「十一本目のポプラ」から見た目線である。

情景を思い描く際に、どのように見えているかを、整合的・客観的に検討し合う例である。

◆つけたい力

○登場人物の相互関係や心情、場面についての描写をとらえることができる。

○優れた叙述について自分の考えを持つことができる。

⑭楽しく学習意欲を高める学習とモデル作品例

「取り合わせ」で、句会を開く

次の俳句に見られる共通の特徴は何だろうか。

夏の風私とおなじ雲ひとつ
さっきまで見ていたはずの夏の海
夕涼み幼い頃に戻りたい

答えは、「季語」と、「それ以外の部分」には、何ら因果関係がない、ということである。「ひとつの雲」はいつの季節でも浮かんでいるし、海は季節を問わず、一年中見ることができる。では、なぜこれだけで俳句が出来上がるのかといえば、「季語は、気分や風情を自ずから表す」からである。このような俳句の作り方を「取り合わせ」という。「季語と全く関係のない事象・出来事・観察結果・見えた事物」を書き出し、季語とくっつけるのである。（ぴったりな季節を選んで。）季語を説明せず、同じ内容を重ねて言わず、無関係な内容を添える。こうして、句会を開き、出来上がった作品の良さをみんなでほめ合う。

◆ **つけたい力**　俳句を発表し合い、表現の仕方に着目して助言し合うことができる。

子どもたちの俳句作品例

雪景色　だれかが転んだ　あとがある

週四回　バスケの練習　夏の風呂

テスト中　えんぴつスラスラ　春の風

三十分が　十分になる　大晦日

ゆらゆらと　自分の心　秋の雲

午前中　窓透き通る　秋高し

しゃぼん玉　中には夢が　つまってる

じいちゃんの　面影残る　夏祭り

こいのぼり　飲み込んだもの　空の色

いつ見ても　真冬の空は　無表情

木の上の　クワガタ私を　見下ろした

お父さん　広い背中は　夏の空

父の声　やっと聞こえる　大花火

夏の風　空に負けない　海の色

帰宅して　あと五メートル　こたつまで

弟が　笑う姿と　しゃぼん玉

道の先　ひまわり畑　夏の午後

鍾乳洞　静かにしたたる　夏の雨

⑮単元で身に付けたことを他教科で生かす

「説明文の書き方」を身に付け、理科の実験・観察を報告する

主な説明的文章は、「はじめ、中、終わり」で構成されている。何のことについて述べようとするかの話題を提示する部分、具体的な説明をする部分、まとめと主張をする部分である。

「問いの文」は、全体の道しるべの役割を果たす。問いかけたことに答えるための説明が後に続くからである。「このように」等でくくられるまとめは、「中」の部分の抽象である。ここを具体化するために「中」は書かれているわけである。

説明文を学習したら、自分の手でもかけるようになった方がよい。

理科の実験・観察の報告は、そうしたことにとても適している。

話題提示
問いの文
実験・観察の ・やり方 ・経過観察（描写も） ・それぞれの結果
結果のまとめや分かったこと （このように…）
結び（感想・主張・メッセージ・次に調べたいこと等）

「種から芽が出るには」（5年）

土に種をまくと芽が出ることは、だれでも知っています。

では、芽が出るにはどんな条件が必要なのでしょうか。

それを調べるために、私たちは、予想を立てました。土、水、日光、空気、温かさ、肥料です。

次に、調べる方法を考えました。条件を同じにして、これらのあるものとないものを比べることにしました。土に入れた種とだっしめんに入れた種、土にまいて水をやる種とやらない種、日光を当てる種と当てない種、冷ぞう庫と普通の温度、肥料のあるものとないもの、というように条件を変えて調べました。

土に入れた種からもだっしめんに入れた種も、どちらも芽が出ました。

水をやった種からは芽が出ましたが、…（省略）…

このように、種が発芽するには、適当な温度、水、空気が必要であることが分かりました。

何気ない自然の中の出来事にも、決まりや法則があることに驚かされます。

⑯学習クイズやゲームを取り入れて、いつの間にか求める力を達成

ことわざカルタで、〝しーん〟聞き耳を立てる教室に

表面にことわざの「最後の言葉」、裏面に「全部」を書いたものを作成する。（子どもたちの手書きで作成しても、教師がパソコンで作成してもよい。）このことわざ遊びを日々五分間程度続けるだけで、百を超えることわざをたちまち覚えてしまう。メリットは、

○「しーん」と聞く習慣を作ることができる。（聞き耳を立てるようになる。）

○ここで知ったことわざの意味は、特に、物語作品のテーマを見つける際に役立つ。物語を大きくとらえ、「教訓を表現した言葉」として語れるようになる。

○ことわざに興味を持ち、自分でことわざの本を探すようになる。

○行動哲学として多くの内容を知り、思慮深くなる。保護者からも喜ばれる。

二十枚から三十枚をワンセットにして、色画用紙などに印刷し、他に何セット（何色）か作る。ことわざの下の部分（最後の言葉の部分）だけが見えている面を上にし、一対一で向かい合って（源平式）をやるといい。慣れてくると出だしの部分を聞いただけで、すぐにとれるようになる。学級全体で取り組める知的な遊びの文化となる。

表面《オモテ》（最後の一部分だけ）

不養生

裏面（全部のせる）

医者の不養生

口では立派なことを説いているが、実行が伴わないこと。医者が案外と自分は注意していないことから。

慣れてくると、これだけで取れるようになる。

解説もあるといい。PCで貼り付けるとすぐできる。

⑰様々な意見の交流と発問の工夫

俳句から思い描いた風景や情緒、句に込めた思いを「発問」によって交流する

五七五からなる俳句からは、さまざまな風景や情緒、季節や風情、作者の思いを想像することができる。「発問」によって、ある視点・観点を示すと、多様な見方や意見を交流させることができ、楽しい学習が展開する。

風鈴の音に振り向くねこの耳

「どんな場所か?」「猫は首も動いただろうか?」「風は吹いているか?風は強いか?」これらの発問によって、例えば次のような意見が次々と交わされる。「縁側のようなところで、ねこが寝そべっていて、風鈴の音に反応したように耳がピクッと動いた…。」とか、「誰もいない部屋のすみにねこが寝ていて、時折かすかな風が吹き(強い風だと風鈴が鳴り続けてしまう)、顔を起こすのがおっくうであるかのように、耳だけ反応した…。」

これらの見方や意見が交流されるうちに、俳句の風景や情緒のようなものが、あたかも行間を読むようにいろいろな角度から検討され、理解も深まっていく。「発問」の力によって、今まで見過ごしていたような解釈へと視野が広がる。

あの丘は　風があるらし　麦の波

「丘は近くにある？」「丘と山の違いは？」「波、とあるから、ここは海辺？」「読み手のいる場所にも風は吹いている？」

名月や　畳の上に　松の影

「名月と松と読み手は、どんな位置関係？（図に）表す」「どこから見ている？」

この花火　終わると行っちゃう　いとこたち

「楽しい？それとも寂しい？」「いとこは時々来るのか？」「どんな花火？」

かぶりつく　スイカの中に　顔がある

「どんな形のスイカ？」「スイカと顔の大小関係は？（絵に描いてもいい）

警察官　背中で花火を　感じてる

「どんな花火？」「警察官はどちらを向いている？」「警察官は、どんな表情？」

さりげなく　机に置いた　通知票（川柳）

「成績よかった？悪かった？」「さりげなくとは、どんな置き方？」

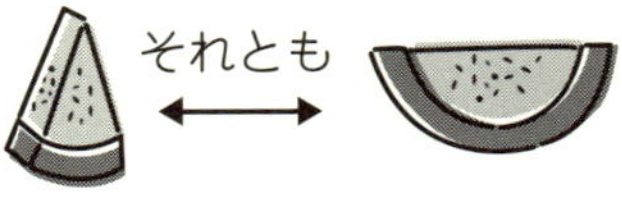

⑱四十分集中して書き続ける子を育てる工夫

「作文の型」を身に付け、楽しく書く

「よく」「たしかに」「しかし」「だから」の四つのキーワードで、簡単な意見文をたくさん書かせることができる。慣れてきたら、いろいろな話題を探してどんどん書くようにする。それを長い文章にすると、よりしっかりとした意見文に発展させることができる。

キーワード	主な内容
よく　最近　一般に　しばしば目（耳）にすることだが…	「これはよくない」「改めるべきだ」「腹立たしい」と思うことを書く。
たしかに　なるほど…	相手の立場にも部分的に正当性があることを認め、その理由を書く。（それも仕方のないことだ。）
だが　とは言うものの　しかしながら　けれども…	しかし、それでは不十分であることを説明する。根拠となる事実やデータを挙げながら反論し、意見を述べる。
だから　したがって　つまり…	意見をすっきりと短くまとめる。

作品例

「よくない」と感じた話題を書こう。	よく、テレビのバラエティー番組で、人の頭を物でたたいたり、ばかにする言葉を投げかけたりするシーンを見る。
「それも仕方がない」という理由を書こう。	たしかに、それみて楽しく笑いながら、番組を観ている人が多いのは分かる。出演している人も、そのために無理をしてわざとやっているのかも知れない。みんな仕事で、しているのだと思う。
「しかしそれだけではだめだ」という理由をくわしく書こう。	しかし、見ていやな気持ちになっているのは、私だけではないだろう。テレビ番組のまねをして人をけるふりをしたり、まねをした言葉で他人をからかってい人を見たことがある。小学校二年生になる私の弟もテレビが好きで、アニメの主人公のまねをし、母のことをまるで友達のような呼び方で呼んだりして時々しかられている。
「意見・結論」をすっきりと書こう。	だから、テレビ番組の中でも、あまり人を不愉快にさせるようなことはしてほしくないし、観ている私たちも、それを見て何でもまねをすることのないように注意するべきである。

⑲語彙を豊かにする読書指導

マッピングにより語彙を増やす

日本語の語彙数はおびただしい量に及ぶ。見出し語だけで十万を越えるという。そうした中で、個人が知っている、あるいは使用できる語彙はせいぜいたかが知れている。その人個人の持っている語彙量を言い換えるなら、次のようになるであろう。

ある特定のグループに属する言葉の量。つまり、類語として知っている数。

したがって、ある観点から位置づけられる「一つの言葉」の周辺を増やせばよいことになる。同心円状にマッピングして、言い換える数を増やすとともに、〈それらの意味の違いに気づく〉ことが、『個人語彙』の総体ということになる。

「言った」と「声がもれた」は、同じ観点からすれば、〈声に出す〉という同様の行動を示すが、その違いは〈使い方〉によって何倍にも広がる。それはつまり、持っている語彙それ自体が発想を増やす働きをするからである。

子どもたちの作文は、「言いました。」「思います。」で締めくくられることが多い。しかし、「声がもれた」「一人つぶやいた」あるいは「思えてきた」などの語彙を持っていたらどうだろう。表現力はずっと広がりを見せるのである。

関連する語彙・言い換えを増やす

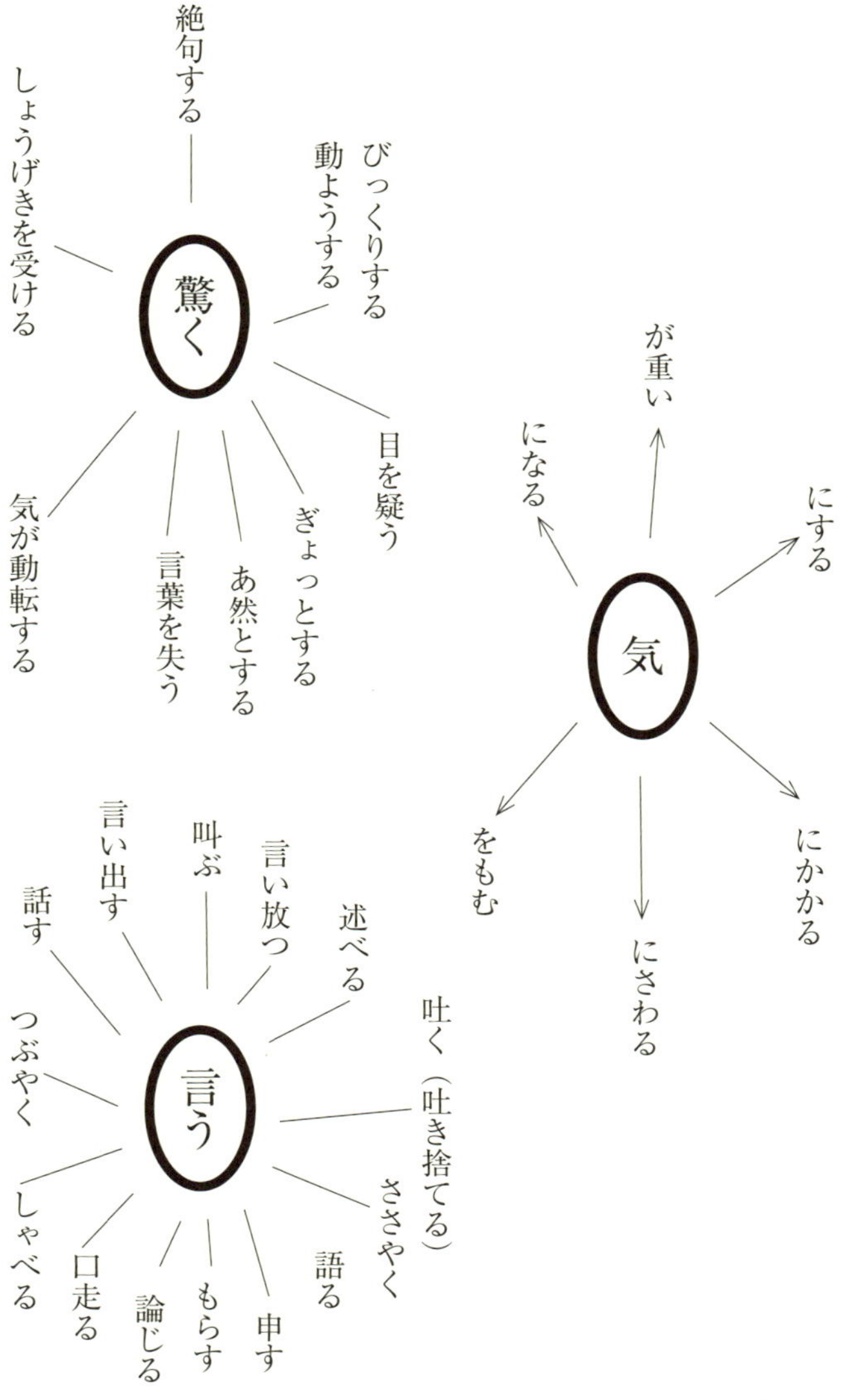

⑳『おおきなかぶ』（1年）読むこと〈物語〉

自由な想像をうながし、表現や発想の豊かさをほめる

発問によって、想像豊かに読ませる。読み取りの客観性や整合性などを、ここではあえて求めすぎない。一年生では、楽しい発言が続くうちに、ひとりでに作品の特徴も浮かび上がってくるからである。

1　主な発問

おじいさんが、かぶの　たねを　まきました。
「あまい　あまい　かぶに　なれ。おおきな　おおきな　かぶに　なれ。」

発問①『たねをまあいたあと、おじいさんは、どのようなことをしたでしょう。』

ねこは、ねずみをよんできました。

発問②『ねこは、何と言ってねずみを呼んできたのでしょう。』

2　つけたい力

低学年では、「場面の様子」と「登場人物の行動」が大切である。ここでは、「場面の様子について、登場人物の行動を中心に、様子を豊かに想像しながら読む力を育てる。

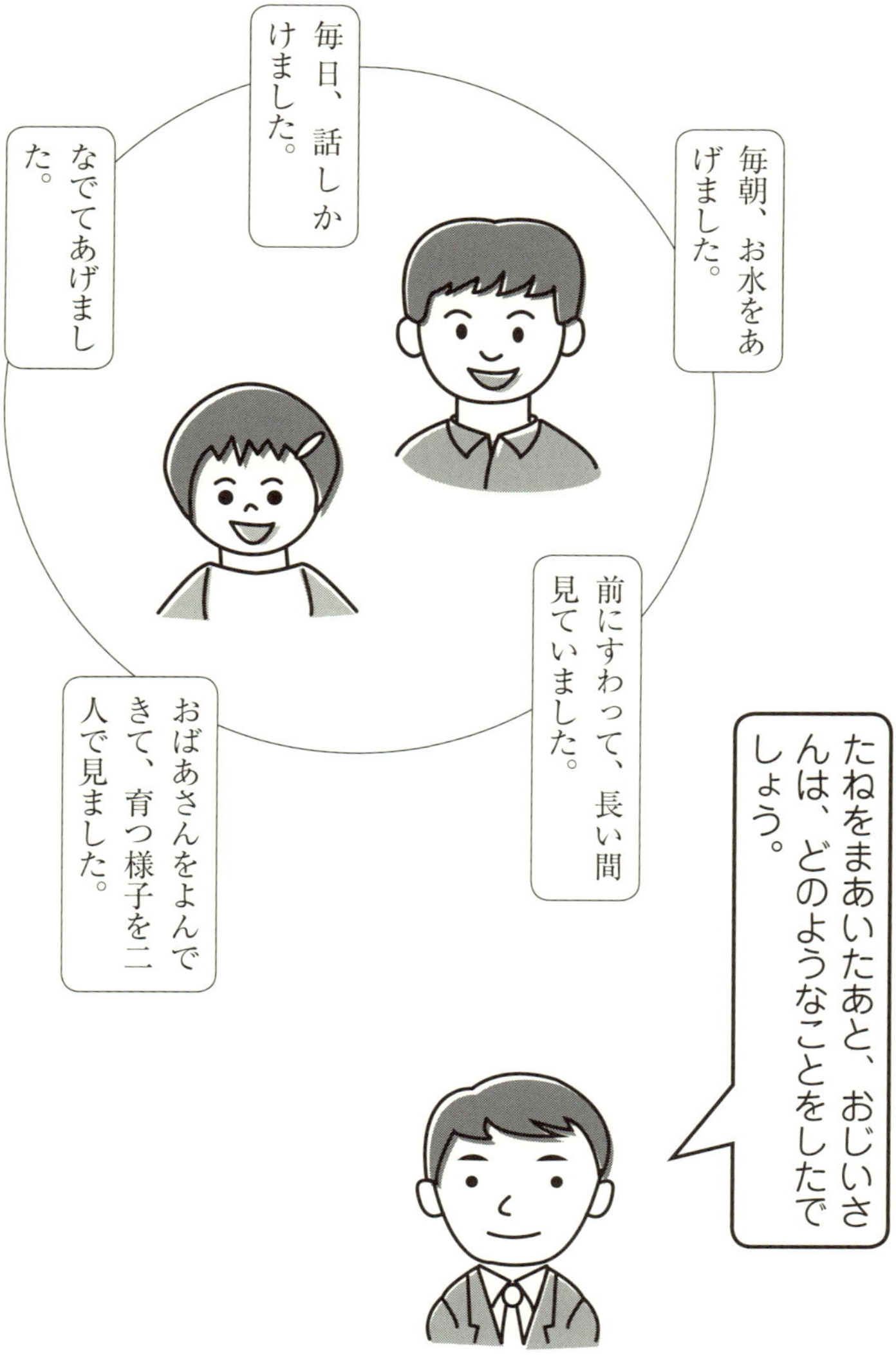

たねをまあいたあと、おじいさんは、どのようなことをしたでしょう。
毎朝、お水をあげました。
毎日、話しかけました。
なでてあげました。
前にすわって、長い間見ていました。
おばあさんをよんできて、育つ様子を二人で見ました。

3　指導のねらいと意義

物語の出だしから「登場人物の行動」を想像させて、あれもこれも発言させて楽しい雰囲気にする。「登場人物の行動」を想像すると、おじいさんの存在がありありと思い描けてくる。おじいさんのやさしいイメージや、おじいさんらしい行動の仕方や、仲の良いおばあさんとの関係などが、こちらから積極的に想像できる。こうして「場面の様子」をより詳しく細部まで思い描けるのである。

ねこのせりふを想像することによって、ねことねずみの日頃の関係を容易に想像できる。犬とねこの関係以上に、ねことねずみの関係は微妙である。さらに、ねずみはねこより小さい。この物語では、自分より弱い存在、自分より小さい存在を呼んできて登場させる。そして、一番小さいねずみのささやかな力によって、問題が解決する。

ここには、〈協力〉やら、〈みんなの願い〉やらのメッセージがやんわりと含められている。物語のテーマ性などに気付くことの難しい一年生でさえも、このような自然な流れの中で、何かを感じ取る。より小さい存在が大切にされ、みんなで一つのことに向けて力を合わせたおかげで願いがかなったことや、どの力も欠かせない力であるといったことに、いつの間にか気付かせていく発問が二つ目の発問である。

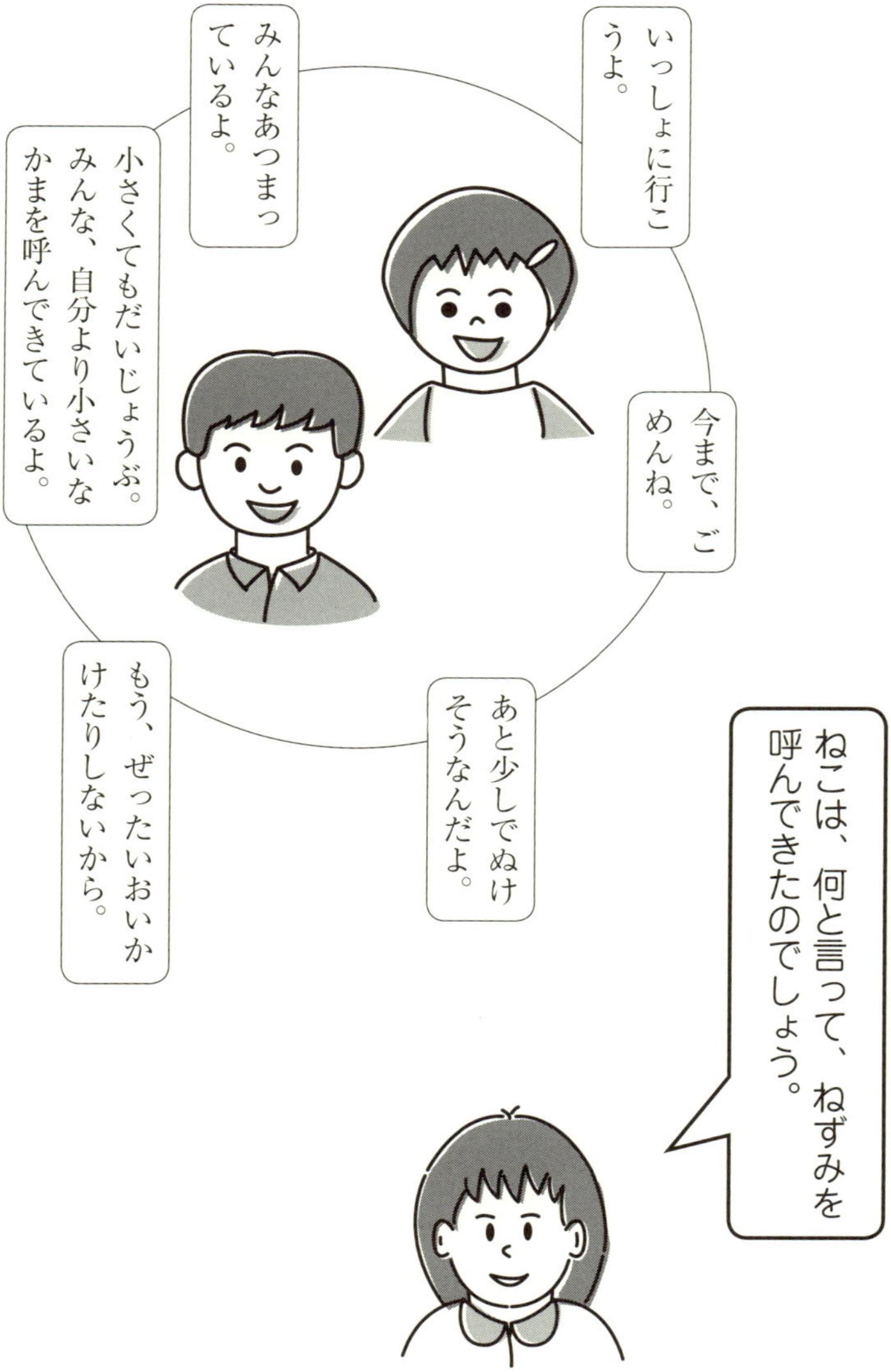
いっしょに行こうよ。
みんなあつまっているよ。
小さくてもだいじょうぶ。みんな、自分より小さいなかまを呼んできているよ。
今まで、ごめんね。
あと少しでぬけそうなんだよ。
もう、ぜったいおいかけたりしないから。
ねこは、何と言って、ねずみを呼んできたのでしょう。

㉑『お手紙』（2年）読むこと〈物語〉

シリーズで読み、好きなところを紹介する。

『お手紙』は、『ふたりはともだち』というお話のシリーズの一つである。お互いのことを大切に思う「がまくん」と「かえるくん」の心の交流を、シリーズの並行読書によって深く広く読んで、好きなところを見つける。

1 学習の流れ（8時間）

① 『お手紙』を読んで好きなところを見つける。
・あらすじを確かめ、二人の行動のわけを考える。
・好きなところを見つける。

② 『ふたりはともだち』を並行読書する。
・「はるがきた」「おはなし」「なくしたボタン」「すいえい」を読む。（教師の範読）
・新しく分かったことを話し合い、好きなところを見つける。

③ シリーズ全体から、自分の好きなところを紹介し合う。（拡大カラーコピー等準備）
・音読したいところ、好きな人物や行動、好きな言葉などを紹介。

二人の行動のわけを考える、好きなところを見つける

かえるくんががまくんに手紙を書いたのは、なぜですか。

手紙を自分でとどけないで、かたつむりくんにたのんだのは、なぜですか。

がまくんだけでなく、手紙を出したかえるくんまで幸せな気持ちで待っているのはなぜですか。

このお話の中で、大好きなところはどんなところですか。それは、なぜですか。

◆ **つけたい力**

文章の内容と自分の経験を結びつけて読むことができる。

２『お手紙』のあらすじ、人物の行動を読み、自分とのかかわりを持つ

がまくん、かえるくんの「行動」から二人の性格をつかみ、行動の背後にどのような思いがあるのかを想像させる。あらすじや、二人の人物像をとらえるために、例えば、次のようなことを考えさせる。

・二人の行動から二人のどんな性格が分かるか。
・手紙を届けないで、わざわざかたつむりくんに頼んだのは、どんな気持ちからか。
・自分で書いて内容を知っている手紙を、なぜかえるくんは待っているのか。しかも、幸せな気持ちで待っているというのはどういうことか。

３紹介したい「好きなところ」

「好きなところ」とは、例えば、次のようなところが考えられる。

○音読したい場面や会話。
○好きな人物（その人物のどんな性格や、どんなところが好きか。）
○好きな人物の行動（どの場面の、どんな行動が好きか。なぜか。）
○物語の中の、好きな表現や好きな言葉（どんな書きぶりのところがよいのか。）
○おもしろいところ（場面の描かれ方や、人物のふるまいなど。）

好きなところを見つけよう

○音読したいところ
○好きな人物と理由
○好きな人物の行動と理由
○お話に出てくる好きな言葉など

「はるがきた」
「おはなし」
「なくしたボタン」
「すいえい」
「お手紙」

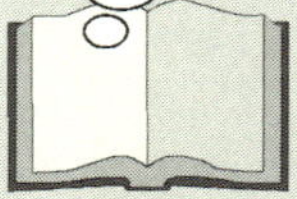

「ふたりはともだち」を読んで、かえるくんがお手紙を書いたわけがわかりました。わたしはかえるくんの、こんなところがすきです。…

とくに大好きなところは、「すいえい」のなかで、がまくんが…

㉒『モチモチの木』（3年）読むこと〈物語〉

人物の変化をとらえ、一文でまとめる

『モチモチの木』（斎藤隆介 作）の「人物の変化」を読みとった後、それを図解し、一文にまとめる。その技術を他の作品にも転用させ、他の物語も一文にまとめる学習へと広げ、転用させていく学習である。

ここでの「単元を貫く言語活動」は、「いろいろな物語を読んで一文で紹介し合う」である。そのために、まず『モチモチの木』を「人物の変化」に着目して読んでいくことになる。

1学習の流れ（5〜6時間）

①物語の流れをとらえ、人物の変化を図にする。（2）
②中心人物が、どのようなきっかけで、どうなったかを、一文でまとめる。（1）
③いろいろな物語を一文で紹介し合う。（2〜3）

2この学習で育つ力

◆物語の流れをとらえ、出来事と人物の様子や人物の変化を読みとることができる。
◆いろいろな物語を読み、内容を短くまとめて紹介することができる。

【モチモチの木】

はじめ

○臆病な豆太＝中心人物

出来事　事件　冒険

○苦しむじさまを助けた。
○モチモチの木の灯を見た。
○夜道を一人で走った。
｝勇気

終末

○勇気のある子どもになった。
（またじさまを起こしたが。）

一文でまとめる

豆太が、苦しむじさまを助けたことで、勇気のある子どもになった。

他の物語も、一文で紹介しよう

【他の物語にも活用】

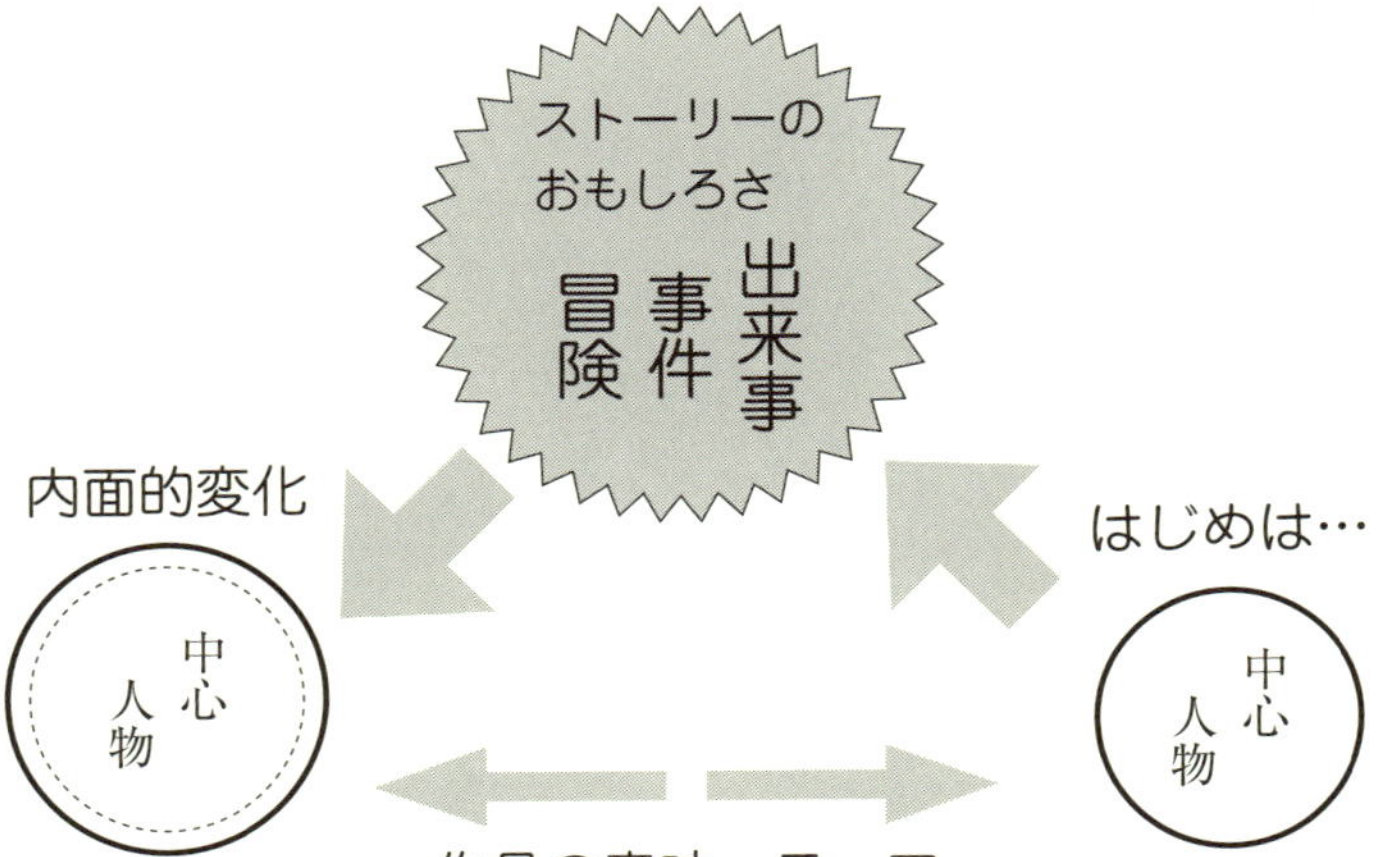

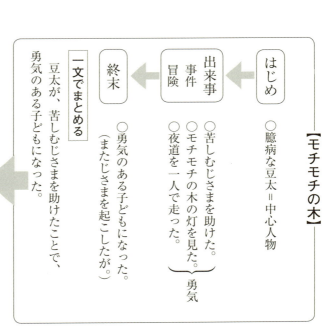

3指導のポイント

教材『モチモチの木』は、五つの場面から構成されている。夜中に一人で小便にも行けない臆病な豆太は、ある夜中に、じさまが突然の苦しむ様子を見て、夜道を走り医者を呼びに行く。そこで勇気のある子どもの象徴である山の神様の祭りを見る。じさまを思う豆太の優しさが勇気ある行動につながり、豆太が成長していく。

場面ごとの詳細な読みを行わなくても、これらのストーリーは子どもたちに十分理解できる。注目したいところは、「臆病な豆太が、勇気ある子どもへと成長する」という人物の変化である。出来事の前後で、中心人物の「内面的な姿」は変化する。〈出来事〉に直面した中心人物がどのように慌てたり行動したり……というおもしろさがエネルギーとなって、読者は読み進めることになる。しかし、作品としてのテーマ、作品が読み手へと伝える意味は、それとはとなり合わせに存在している。これは、人物がどのような姿からどのような姿へと変容したかに目を向けると見つかりやすい。この学習では、そのような、人物の内面的な変化に焦点を当てるのである。

豆太が変化したことには、きっかけがある。大好きなじさまが苦しむ様子を目の当たりにし、何とか助けたいと願ったからである。自分が強くなろうという動機がきっかけなのではなく、大好きな人を助けたいという強い願いを持ったことが、変容の契機になっている。そのことが、じさまの言葉「人間、やさしささえあれば、やらなきゃならねえことは、キッとやるもんだ。」に表れている。「やさしさ」という言葉が、作品の中で大切なキーワードとなっている。「豆太が変化するきっかけとは何だったのだろう。」と問いかけてもよい。「豆太は、出来事の前後で、どこがどのように変化したのだろう。」と問いかけることもできる。こうした問いによって、子どもたちにさまざまな意見を交流させれば、作品の基本構造が浮かび上がるだろう。（せっちんに起こした、という、作品に色を添える〈落ち〉も。

こうして、作品の骨格をとらえたら、「はじめの中心人物が」「出来事で○○ことで」「（終わり）になった。」という一文にまとめることができる。

「出来事・事件・冒険」の前後で、中心人物の内面が変化する物語は他にも多い。例を挙げれば、「つり橋わたれ」「ちかい」「大造じいさんとがん」「きつねのおきゃくさま」などである。

作品の構造をとらえ、物語全体を一文でまとめる、というこの学習で身につけた力は、他の作品の学習にも、活用・転用ができ、子どもたちが生き生きとして追究する学習場面を作り出すことができるだろう。

㉓『ごんぎつね』（4年）読むこと〈物語〉

心情曲線を描き、考えたことを伝え合う

『ごんぎつね』（新美南吉 作）は、子どもから大人まで広く読まれ、人気のある文学教材である。ここでは「人物の気持ちの変化」と、読者としての自分の考えを重ね合わせて読み取っていく。それぞれの場面で自分がどう感じたかをまとめ、最後に友達同士でそれらの思いを伝え合う。

1 学習の流れ（8時間）

①心情曲線を書く。

・あらすじを確かめ、物語の全体像をとらえる。

・冒頭、展開、山場、終結の部分を大きくとらえる。

・二人の行動のわけを考える。（行動の理由と、すれ違う二人の思い。）

・好きなところ、印象に残ったところを見つける。（なぜ好きなのか、理由も考える。）

・黙ってうなずくごんの考えたことを想像する。

②中心人物（ごん）の思いと、他の人物（兵十）の思い、さらに自分の考えを書く。

③「ごんぎつね」を読んで考えたことを伝え合う。

物語の流れと、心情曲線を書こう

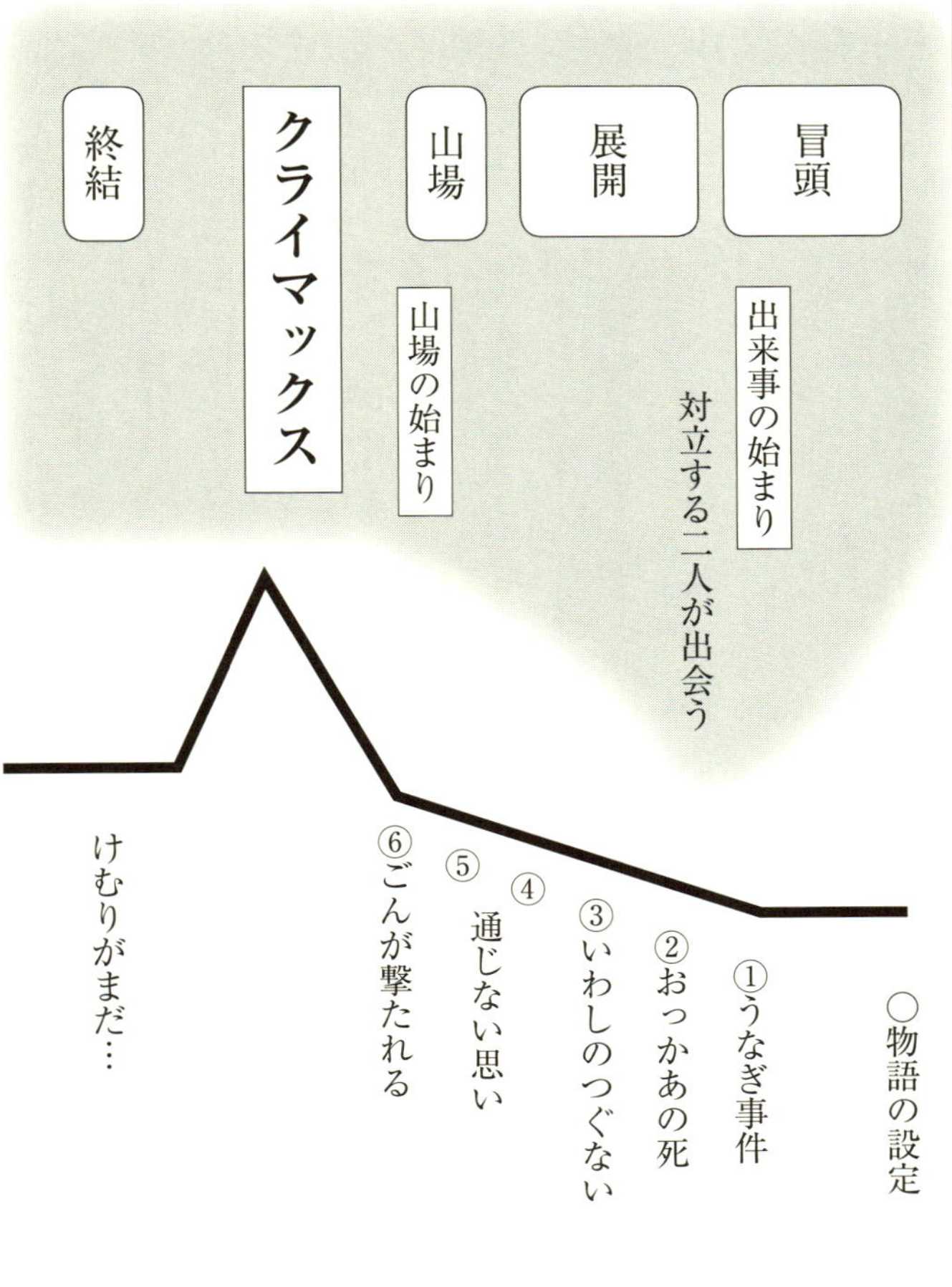

2ごんの思い、兵十の思い、自分の考えを書く

板書、あるいはノートを上中下の三段に分け、それぞれの場面で、ごん、兵十は行動の背後でどんな思いを抱いているか、そして、自分は、それに対してどう考えているかを書いていく。

例えば、「たしかにこれは神様の仕業かも知れない」（兵十）に対して、「ひきあわないなあ」（ごん）、そして読み手としての私は、「少しぐらいごんの後悔の気持ちを分かってあげてくれたらうれしいのに」となる。これらをノートや板書に表していく。この自分の思い・自分の言葉が、後で交流する「読んで自分が考えたこと」のもとになる。

3考えたことを伝え合う

考えたことを伝え合う際には、どの叙述からそう考えたのかという根拠や、印象に残ったり不思議に感じたりした理由も述べ合うことによって、自分と作品とのかかわりが見えてくる。また、心情曲線と物語の概略の図を板書に残して伝え合うことで、どの場面の誰についてのことかも示すことができ、分かりやすくなる。

この作品が味わい深く感じられるのはなぜか、どのような文章表現がその効果を高めているかにも目を向けると、作品の世界により深く迫ることができる。

読んで考えたことを述べ合おう

〈兵十〉

○おっかあが死んで、元気がない。せめて、うなぎを食べさせてあげたかった。

ごん、お前だったのか。いつも…

○何ということをしてしまったんだ。ごんを誤解していた…。

〈ごん〉

おれとおなじ、ひとりぼっちの…

○かわいそうになあ。おれも一人だから分かるよ。

○やっと分かってもらえた。初めて兵十に気持ちが通じた。うれしい…。

〈わたし〉

◎ひとりぼっちの似た者どうし、友達になれたらいいのに。

◎こんな形で分かってもらうことになるなんて。やっと気持ちが通じたときが、ゴンの死ぬときだなんて悲しい。

〈育てる力〉

◆場面の移り変わりにおける人物の気持ちの変化について叙述をもとに想像して読むことができる。

◆文章を読んで考えたことを伝え合うことができる。

㉔『大造じいさんとがん』（5年）読むこと〈物語〉

サブタイトルをつけ、すぐれた描写について話し合う

比較的長いこの物語も、大造じいさんの〈作戦〉を表にすれば、全体をざっと大きくとらえることができる。その表に対応しながら、じいさんの「言動や情景描写」を抜き出すと、残雪に対するじいさんの心情の移り変わり・変化は分かりやすい。

次に、物語にサブタイトルをつける。例えば、「残雪の姿に打たれた大造じいさん」などである。こうすると、一人一人の読み手の立場からとらえた物語のイメージを互いに出し合い、どれが主題として一番ぴったりくるかという話し合いが焦点化できる。

さらに、物語の中から、自分が優れた描写だと思う箇所を抜き出し、それがどのような効果を作品に与えているかを話し合う。『大造じいさんとがん』の後は、それ以外の物語へと読み広げ、自分が読んだ物語からすぐれた叙述を抜き出して、その効果を報告し合う学習へと視野を広げ発展させる。

表に表して、人物の心情の変化をとらえ、サブタイトルをつけて主題を考え、優れた描写・叙述とその効果を話し合うことで、技能を他の作品へと転用する学習である。

【作戦から表を作る例】

区切り	作戦	結果	じいさんの心情の変化
はじめの年	うなぎばり作戦	一羽手に入れる。	いまいましい。うなぎばり作戦も残雪に見破られた。大したちえをもっている鳥だ。
その次の年	たにしまき作戦	残雪にしてやられる。	また残雪にしてやられた。くやしい。
また次の年	おとりのがん作戦	はやぶさと戦う残雪に感動する。	自分の命も危険にさらし、仲間を救うためはやぶさと戦うとは、すごい鳥だ。堂々たる態度に強く心を打たれた。

【サブタイトルの例】

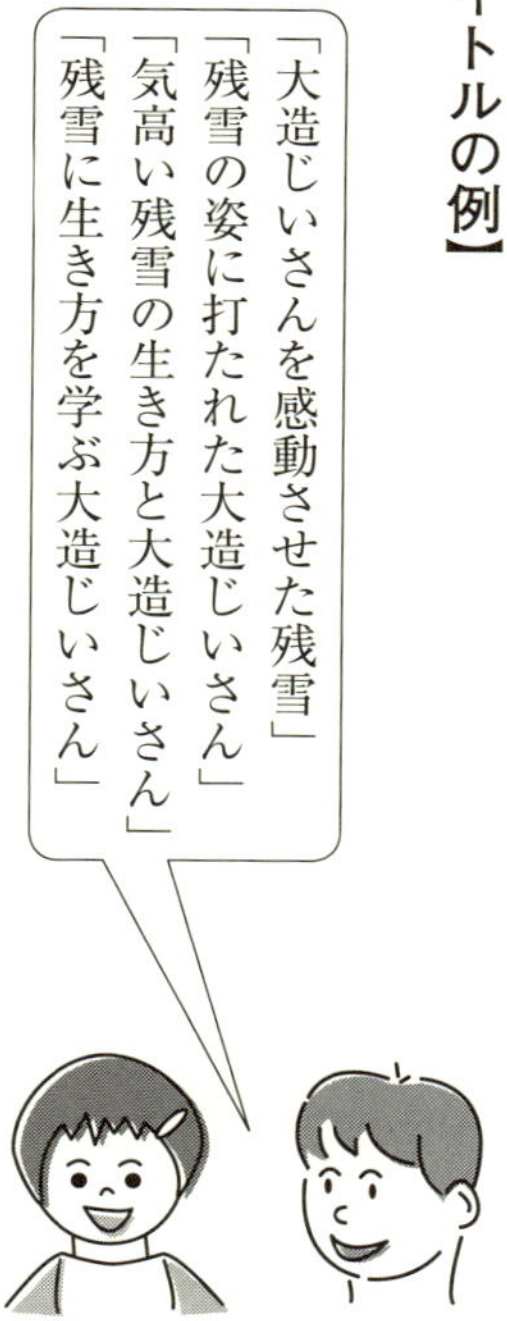

「大造じいさんを感動させた残雪」
「残雪の姿に打たれた大造じいさん」
「気高い残雪の生き方と大造じいさん」
「残雪に生き方を学ぶ大造じいさん」

1学習の流れ（6時間）

①大造じいさんの作戦を表にまとめ、言動や情景描写から、残雪に対する大造じいさんの心情の変化を読みとる。（2）

③人物像や主題について話し合い、作品の内容を表すサブタイトルを付ける。（1）

④優れた情景描写などを抜き出し、その効果について話し合う。（1）

⑤ほかの物語から優れた描写を抜き出し、その効果について報告し合う。（2）

2つけたい力

◆ 登場人物の相互関係や心情を読みとることができる。

◆ 場面についての描写を読みとることができる。

◆ 優れた叙述について自分の考えをまとめることができる。

3指導のポイント

長い物語を〈主題〉と〈優れた描写・叙述とその効果〉に凝縮して扱う。そのため、あらすじや心情の変化をまず最初におさえる。それぞれの立場から、異なる言葉で表現されたサブタイトルを比較させて、テーマを浮き彫りにする。一人一人が優れた表現と感じた箇所を抜き出し、「それがどのようによいのか」を自由に語り合わせる。

ぼくが選んだ物語は、「白いぼうし」です。

「クローバーが青々と広がり、わた毛と黄色の花の交ざったたんぽぽが、点々のもようになってさいています。」という表現です。

どこがすばらしいかと言うと、青々、わた毛の白、黄色が、とてもあざやかです。それに、青々と広がったクローバーの中に、点々のもようになっているところが、広い景色を想像させます。

わたしが選んだ物語は、「手ぶくろを買いに」です。

「暗い暗い夜が、ふろしきのようなかげを広げて、野原や森を包みにやっていましたが…」という表現です。

夜のことを「ふろしき」と呼んでいて、ふくろに入れられるようで不安になります。「野原や森をつつみにやってきました。」から、やみに取り囲まれた子ぎつねの気持ちがよく伝わります。

㉕『海のいのち』（6年）読むこと〈物語〉

「いのちシリーズ」から作品を選び、推薦する文章を書こう

まず、『海のいのち』（立松和平 著）を読んで推薦したい内容を話し合う。次に「いのちシリーズ」の作品を読んで、同じように推薦したい内容を話し合い、作品を選んで推薦文を書く。

1学習の流れ（9時間）

①学習計画を立て、「いのちシリーズ」の作品を読んで、よさを話し合う。（4）

・『海のいのち』を読み、作品のよさを考える。

・『山のいのち』『街のいのち』『田んぼのいのち』『川のいのち』『木のいのち』から選んで読み、作品のよさを考える。

③選んだ作品の推薦文を書く。（3）

・〈登場人物の生き方〉〈優れた表現〉〈作品が強く語りかけてきたこと〉などを中心に表現する。ほかにも、〈あらすじ〉や〈自分でつけたサブタイトル〉〈おすすめの場面〉〈作者について〉など自分の書きたいジャンルを工夫して表現する。

④それぞれの作品のすばらしさを伝える推薦文を読み合う。（2）

よさを紹介するために「いのちシリーズ」を読もう

「海のいのち」
「山のいのち」
「街のいのち」
「田んぼのいのち」
「川のいのち」
「木のいのち」

自分にとって、この作品はどんな意味があるかを考えながら読みましょう。

・登場人物の生き方
・優れた表現
・作品が強く語りかけてきたこと
・あらすじ
・自分でつけたサブタイトル
・おすすめの場面
・読んで、つくづく考えさせられたこと
・作者について

2作品のよさを見つけるために

・登場人物の生き方について考える。
・表現や描写のよさを見つける。
・物語の山場を中心に、人物の変容を考える。
・物語が自分に最も強く語りかけてきたことを考える。

3「山のいのち」の場合を例に

発問によって、「登場人物のこれまでの生き方、これからの生き方」「何かを色濃く伝える表現や描写のよさ」「人物の変容」「物語が自分に強く語りかけてくること」を考えさせたい。発問は次のようである。

□祖父をどう思うか。静一をどう思うか。（読者としての人物への評価）
□祖父は、静一に何らか影響を与えたか。（それとも、静一には伝わっていないか。）
□（突然の）最後のこの終わり方は、作品にどのような表現効果を与えているか。

これらの発問によって、これまでの静一とは微妙に異なる行動の変化や、静一の視点を通して見ている風景の変化、祖父と静一との人物の相互関係を追うことができる。「イタチはふかくもぐってヤマベをおいだしにかかる。」に込められた意味も探ることができる。

作品のよさを紹介する文章を書こう

生きる意味を忘れてしまった静一が、祖父との出会いで再び生き始める物語です。

最後の終わり方は、とてもすてきです。川の音がたくさん聞こえていたかと思うと、とつ然やんだように静かになります。

祖父はとても乱暴な人物ですが、山の中で生きてきた知恵にはむだがなく、迷いもないようです。これは、今の静一に一番必要なことです。

ヤマベは「今までの弱くて実感のない静一の心」、イタチは「新しく生き始めた静一の心」だと思います。新しいことが今始まった、と言う感じがします。

〈育てる力〉

◆場面の移り変わりにおける人物の気持ちの変化について叙述をもとに想像して読むことができる。

◆文章を読んで考えたことを伝え合うことができる。

㉖『どうぶつの赤ちゃん』（1年）読むこと〈説明文〉

「どうぶつクイズ大会」をする

1 指導のポイント

『どうぶつの赤ちゃん』（増井光子 著）を読んで、クイズの問題を作り、「どうぶつの赤ちゃんクイズ大会」をして楽しむ。その後、動物の赤ちゃんや、いろいろな動物について説明されている文章や図鑑などを探して読み、同じようにクイズを作ってく「どうぶつクイズ大会」をする。

「どうぶつの赤ちゃんクイズ」では、学級で同じ教材文を読んでいるため、答えてもらう相手として、近くの幼稚園児や、となりの学級の子どもたちを対象にすることが考えられる。「どうぶつクイズ大会」は、グループの友達や学級全体で楽しむこともできる。

クイズを出すにあたり、クイズの問題を作ろうとする文をノートなどに視写して書き抜き、そこからクイズの問題を作成する。クイズの問題は、一問につき一枚のカードに記入し、「答え」のほかに「理由」や「ミニ知識」も書くと楽しい。一問につき一枚のカードにすることにより、次の問題を作るたびにカードが二枚、三枚と増えていくので励みになる。

『どうぶつの赤ちゃん』でクイズを作る

書き抜く文例

ライオンの赤ちゃんは、生まれたときは、子ねこぐらいの大きさです。

目や口はとじたままです。ライオンは、どうぶつの王さまといわれます。けれども、赤ちゃんは、よわよわしくて、おかあさんにあまりにていません。

クイズの例

ライオンの赤ちゃんは、生まれたとき、どれくらいの大きさでしょう。

ライオンの赤ちゃんは、生まれたとき、目や口はどうなっていますか。

ライオンの赤ちゃんは、生まれたとき、おかあさんににていますか。

2学習の流れ（10時間）

1学習課題をとらえ、学習のめあてを持つ。（1）

・教師の作ったクイズに楽しく答える。
・自分もクイズを作るという学習の見通しを持つ。

2『どうぶつの赤ちゃん』を読み、クイズを作る。（4）

・大体を読む。
・クイズに必要な文を書き抜く。
・クイズを作り、カードに書く。
・クイズ大会をする。

3動物について書いてある他の本でクイズ大会をする。（5）

・動物について書いてある他の本を読んでクイズを作り、カードに書く。
・クイズ大会をする。

◆つけたい力

時間的な順序や事柄の順序を考えながら、内容の大体を読み、文章から大事な言葉や文を書きぬくことができる。

動物のことが書いてある他の本を読んでクイズを作る

どうぶつクイズ

もんだい

とりの「タカ」と「ワシ」のちがいはなんでしょう。

こたえ

大きいものが「ワシ」で、小さいものが「タカ」です。

ひとこと

からだの大きさが八十センチメートルぐらいだと「タカ」とよばれます。

どうぶつクイズ

もんだい

キリンは、一にちに、どれくらいのじかんねむるでしょうか。

こたえ

二十ぷんぐらいです。

ひとこと

シマウマは一じかん、ひつじは三じかんぐらいねます。ナマケモノは二十じかんくらいねます。

㉗『あったらいいな、こんなもの』（2年）〈話すこと・聞くこと〉

「あったらいいと思うもの」の発表会をする

1指導のポイント

今、この現代にはないけれど、もしあったらどんなに楽しいだろうと思うものを想像し合って、説明したり、質問し合ったりする。学習の導入には、教師がそのような「もしあったらすごく魅力的なもの」を想像力豊かに語る。それを聞いて、自分もこんなおもしろいものを考えてみたいと思わせる。「あったらいいと思うもの」は道具、装置、乗り物、食べ物など何でもよい。大事なことは、今この時代に存在しないこと、そして、かなり突飛な発想で思わず歓声が上がるようなものがよい。それを聞いた子どもたちが「すごいすごい。」「ほしいほしい。」と言い出すようなものがベストである。

各自が考えた「あったらいいと思うもの」は、絵をかかせ、そこに書き込む形でのメモによって、色や形態、働きや仕組み、それがどんなに素晴らしいかといった内容を表現させる。書いたものをもとに、発表の練習させたのち、発表会を開いて、質問し合ったり、それに答えたりさせる。

「あったらいいもの」を友達と話し合う
あたまが良くなるぼうしがあればたのしいな。
空をとべる自てん車がほしいな。水にうく水ぎがあったらなあ。
足がはやくなるズボンやシューズがあればいいな。
どんなかたち？大きさは？
どんなしくみになっているの？
どんなすごいことができるの？
もし、それをもっていたら、どんなことをしたい？
どんなときにやくにたつの？

2学習の流れ（12時間）

①学習の目標を持つ。（1）

・教師の作った「あったらいいと思うもの」を聞いて感想を持つ。

・自分でも「あったらいいと思うもの」を考え、発表会を開くという見通しを持つ。

②「あったらいいと思うもの」をカードに書く。（8）

・「あったらいいと思うもの」を友達と話し合う。

・考えたものの絵や、説明をメモする。

・「あったらいいと思うもの」をカードに書く。

・カードをもとに発表する練習をする。

③「あったらいいな、こんなもの」発表会を開く。（3）

・動物について書いてある他の本を読んでクイズを作り、カードに書く。

・「あったらいいな、こんなもの」発表会を開く。

・発表会をふり返り、楽しかったところや、うまくできたところなど確かめる。

◆つけたい力

相手に分かるように話したり、相手の考えたものをよく聞き取ろうとすることができる。

カードへのメモ

すごいスーツ

なつは、すずしい。

なつは、なかに、エアコンのかぜがふく。

ふゆは、あたたかい。

なかに、でんきが、ながれている。（でもあんぜん。）

ひとりでに、あたたかくなる。

あめにぬれても、だいじょうぶ。でんきでかわく。

かるい。せんたくしなくてもいい。（ばいきんもつかない。）

㉘『ミラクルミルク』（3年）読むこと〈説明文〉

1段落ごとの要点をとらえ、身の回りのミラクルをまとめる

この文章は6段落で構成され、それぞれの段落は話題提示、問題提起、問いに対応して答える説明、全体のまとめをなっている。「ミルク」「ミラクル」「一つめ」「二つ目」「三つ目」「このように」という表現に着目して読み進めさせる。

まず、キーワードを見つけることから、意味段落を大づかみにとらえる。キーワードを使って要点を一文にする。キーワードと要点を表にまとめ、そこから段落のつながりをとらえる。文章全体の中で、要旨の書かれている段落（⑯段落）を見つけ、そこから筆者の伝えたいことを読み取る。

次に、文章全体を読んで「驚いたこと」と「その理由」を書いて発表し合う。文章と自分のかかわりに目を向けるのである。

さらに、「ミラクルミルク」の形式を生かして、「身の回りのミラクル」を調べ、文章にまとめる。ミラクルミルクの要点をまとめた表を活用して、同形式の説明文を自分の手で書く学習へと活用を図る。

学習の流れ（9時間）

①段落ごとの要点をとらえる。（1～3）

○概略をつかむ。キーワードで要点を表にまとめる。

②段落のつながり方を考え、整理する。（4～5）

○要点から全文を要約。段落相互の関係をまとめる。

③本文を読んで驚いたことをまとめて発表し合う。（7）

○筆者の伝えたいことを読み取る。
○一番驚いたことと、理由を書いて発表し合う。

④身の回りの「ミラクル」を探し調べてまとめる。（8～9）

○身の回りにある「ミラクル」を調べ、文章に書く。
○文章を読み合い、情報交換をする。

〈育てる力〉

◆段落相互の関係を考えながら文章を読むことができる
◆驚いたこととその理由をまとめることができる。
◆身の回りから取材し、調べて書きまとめることができる。

2キーワードを使って、要点を表にまとめる。

	構成	キーワード	要点
一	話題提示	ほにゅう動物 人間 牛のミルク	哺乳動物の中でもめずらしく、人間は他の動物のミルクも飲む。特に牛のミルクを多く飲む。
二	問題提起	ミラクル 知っていますか	ミルクがミラクルを起こし変身するのを知っているか。
	事例①②③	ヨーグルト	一つ目は、ヨーグルト。
		バター	二つ目は、バター。
		チーズ	三つ目は、チーズ。
三	まとめ	味も性質も違う 変身 知恵や工夫	ミルクは、味も性質も違う物に変身する。何気なく食べている物にも、人の知恵や工夫がたくさんある。
全文		動物のミルクは、ヨーグルト・バター・チーズに変身する。私たちがふだん食べる物にも、昔からの人々の知恵や工夫がたくさんある。	

身の回りのミラクルを文章に

「ミラクル大豆」


わたしたちが、いつも食べている物に「大豆」があります。

みなさんは、大豆がミラクルをおこすことを知っていますか。

一つ目は、きなこです。大豆をいってかわをむき、こなにひいたものがきなこです。きなこあめや、わらびもち、だんごなどにつけて食べます。きなこは、こななのでしょうかによく、えいようもたくさんあります。

二つ目は、なっとうです。大豆をむしてなっとうきんをまぜ、あたたかい所におくと、なっとうができます。なっとうは、けんこうによいと言われ、多くの日本人がこのんで食べています。

三つ目はもやしです。日光の当たらないところで水だけで育てるともやしができます。やさいいためや、みそラーメンなど、いろいろなりょうりに使われます。

このように、大豆は、いろいろな食べ物に変身しているのです。

大豆は、わたしたちのけんこうを守ってくれていると思うと、とてもありがたい食べ物です。


〈他に、変身する＝姿を変えるものとして〉
■小麦粉・米・卵・魚・とうもろこし・紙・ペットボトルなど。

㉙『詩を読む』（4年）読むこと〈説明文〉

「金子みすゞの詩」を読んで座談会を開く

1指導のポイント

金子みすゞの詩の一つをみんなで読み（ここでは「犬」）、そこから金子みすゞの多くの詩へ読み広げ、好きな詩を選んだグループ同士で座談会を開く。

詩という虚構の世界を想像力を働かせながら読み、その凝縮した表現や、普通の文章とは違う改行形式やリズムのよさ、連による構成も感じさせたい。

同じ詩を選んだ子が集まり座談会を開く設定だが、異なる詩を選んだ子ども同士でもできる、紹介する詩を互いに読み合い、よさを共有し合う形にすればよい。

お気に入りの詩や気になる詩を選んだら、それをノートにていねいに視写させ、感じたことや考えたこと、友達に聞いてみたいことなども書き込むようにする。自分のよいと思うところや気付いたところなどを含めて紹介したり説明したりすることの他に、「この点はどう思うか」と質問してみるのである。自分以外の人はこの詩をどう思って読むのか、という興味も持ちながら、座談会に臨むようにする。

犬

うちのダリアのさいた日に
酒屋のクロは死にました。

おもてであそぶわたしらを
いつでもおこるおばさんが、
おろおろないておりました。

その日学校でそのことを、
おもしろそうに、はなしてて、
ふっとさみしくなりました。

おばさんは、どうしていつでもおこるのかしら?
「おろおろ」って、どんな泣き方?
クロが死んじゃったのに、どうして「おもしろそうに」話していたのかな?
何に「さみしくなった」のかな?

2学習の流れ（7時間）

①学習計画を立てる。（1）
・教師による「犬」の範読を聞き、感想を持つ。
・金子みすゞの詩を読んで座談会を開くという見通しを持つ。
②詩「犬」を読み、ミニ座談会を開く。（2）
・「犬」を視写し、感じたことや考えたことをノートに書き込む。
・全体で、「犬」のミニ座談会を開く。
（これが後に開く「座談会」の練習にもなる。）
③金子みすゞの詩を選んで読み、座談会を開く。（3）
・金子みすゞの詩を読んで選び、視写して、感じたことや考えたことを書き込む。
・同じ詩を選んだ友達を中心に集まったグループでミニ座談会を開く。
④学習を振り返り、学んだことや成果を確かめる。（1）

◆つけたい力

○虚構の世界や描写、凝縮した表現を想像力を働かせながら読むことができる。
○互いのものの見方やとらえ方や感じ方を友達と交流することができる。

金子みすゞの詩から

「犬」
「草の名」
「なかなおり」
「まゆとはか」
「つゆ」
「雪」
「お魚」
「土と草」
「日の光」
「すなの王さま」
「土と草」
「夕顔」
「こだまでしょうか」
「花のたましい」
「星とたんぽぽ」

座談会の様子

私は『おかし』がとても好き。弟のおかしを食べてしまって「にがいおかし」「かなしいおかし」という気持ちがよく分かるから。
『日の光』の最後の「わたしはかげをつくるため、やっぱり一しょにまいります。」のところが気に入りました。
『すなの王国』がおすすめです。すなばで、山、谷、野原、川を自由に変えていくときの気持ちが、とてもよく分かります。

㉚『動物の体と気候』（5年）読むこと〈説明文〉

「動物の体と○○リーフレット」を作る

1 指導のポイント

○動物の体の興味深い特徴や性質とそれが生きていく上で役立っていること。
○動物の体と環境とが関わっていること。

まず、『動物の体と気候』（福原正教　著）を読んで、動物の体の特徴や性質と環境との関わりに興味を持ち、次に、自分でも本を探して読み、リーフレットにまとめる。

目的に応じて、必要なことを見つけ出し、ほどよい分量にまとめさせる。必要に応じてインターネットも活用し、「動物」「体」「環境」などのキーワードを中心に調べるとよい。

リーフレットに取り上げる内容と分野は、「その動物の固有の形態と役割」「自然にうまく適応している動物の体」が述べられてさえいればよく、幅広く許容する。動物がその体の特徴によってうまく生きていることについて具体的な事例を挙げながらまとめさせる。

「動物の体と○○」の例

○動物の体と「食べ物」
○動物の体と「生活」
○動物の体と「動き」
○動物の体と「生活場所」

耳…熱を冷ます。
目…あまりよくない。
鼻…しゃがまないで物が取れる。
足…しん動を感じる。

体	特長	環境
耳	大きくて血かんがたくさん。（風でひえる。）	暑いところにすんでいる。
	すごくいい。十キロメートルはなれた遠くのゾウとやりとり。	広い場所で、仲間達とコミュニケーションを取る必要が。
足	わずかなしん動も感じ取る。地面をたたいてコミュニケーション。	きけんを感じ取らなくてはならない。津波の時、一時間も前にひなんしていた。
	けっこう速い。時そく四十キロメートル。	広い場所まで急いで移動する必要が。

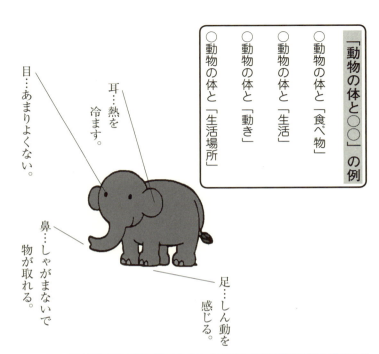

2学習の流れ（8時間）

①学習計画を立てる。（1）

・教師の作ったリーフレットを読み、学習の見通しを持つ。

②『動物の体と気候』を読み、リーフレットづくりに生かす。（3）

・『動物の体と気候』を読み、筆者の述べ方の工夫を見つける。

・筆者の主張を読み取り、考えたことをまとめる。

③動物の体に関わる本を読み、リーフレットを作る。（3）

・本を読み、動物の体の性質や、環境との関わりについてまとめる。

・「動物の体と◯◯リーフレット」を作る。

④完成したリーフレットを読み合い、成果を交流する。（1）

・学習を振り返る。

◆つけたい力

○文章の内容を的確に押さえて要旨をとらえ、目的に応じて効果的な読み方を工夫することができる。

○必要な情報を得るために、複数の本や文章などを選んで比べて読むことができる。

リーフレットのレイアウトの例

動物の体と生活する場所
広く暑い草原で生きるゾウの体

ゾウは耳で体温を調節する

ゾウの耳には、たくさんの血かんが集まっている。大きな耳をバサバサ振ることで、血液の温度を冷まし、体の熱をにがす。

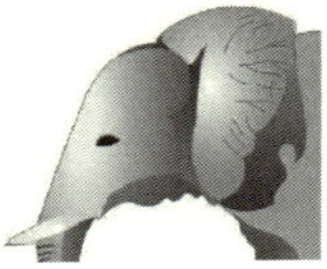

暑いところに生息するゾウが生きぬくしくみの一つである。

動物の写真やイラスト

ゾウの足は、地面のかすかなしん動を感じ取る

ゾウは足のうらでかすかな地面のしん動を感じ取ることができる。何と、30 ～ 40 キロメートルもはなれたゾウと、足ぶみでコミュニケーションを取ることができるのだ。

広い広い草原で生きるゾウには、生きていくために大切な能力と言えそうだ。…

㉛「インタビューして人物像を紹介する」（6年）〈話すこと・聞くこと〉

「この人に聞く」

1人物への興味から

自分の身近な人や興味のある人物にインタビューする。目的はインタビューそのものにあるのではなく、「その人の人となり」「その人らしい人物像」をとらえ、紹介することにある。その人らしさを伝えようとすると、相手に応じて質問する内容も変わってくる。表面的なことを尋ねるのではなく、どんな内容を取材すれば「その人らしさ」に迫ることができるか、友達同士で相談させる。何を好み、何を嫌い、何に興味を持ち、何のことについてどう考えているのか、何かを目指しているのか、それはなぜか、どのような時間や行動がその人を充実させているのか、ふとしたときによく考えるのはどんなことか、自分に影響を与えた出来事はあるか…。相手と自分の共通する部分や、あるいはまったく異なるとらえ方・考え方などを探らせる。大人なら、年代や、職業や、またはこれまでの経験や信条など、取材する自分から見た特徴的な面を浮かび上がらせたい。そのような興味を抱いて行うインタビューであり、あくまでも人物への興味が取材の動機である。

広い範囲から話題のきっかけをつかむ質問の例

○最も気持ちが落ち着くのは何をしている時ですか。
○今、ぜひ会いたい人はいますか。(もし会えたら…。)
○一言で言うと、自分の性格は。(まさにそれを表すような出来事は?)
○一日に一番長く話をする相手は誰ですか。
○今までで何よりも楽しかったことは何ですか。(その時の印象に残るエピソードや、周囲の様子のキーワードを数多く引き出す。)
○大切にしたい思い出はありますか。
○今夢中になっていることはありますか。
○自分を何かにたとえると…。
○ひまな時間には、たいてい何をしていますか。
○尊敬する人・あこがれの人・うらやましいと思う人はいますか。(その人のどんなところにひかれるのか。)
○座右の銘はありますか。(なぜか。)
○心配事はありますか。
○何でも三つ願いがかなうとしたら…。

２学習の流れ

１オリエンテーションをする。

①インタビューの方法を知る。②メモの練習をする。

２その人らしさをさぐる。

①インタビュー計画を立てる。②インタビューをする。

３スピーチをする。

①取材内容をまとめる。②スピーチの練習をする。③スピーチをする。

３スピーチでは

スピーチの、できればビジュアルなモノを提示する。取材対象の人物をほうふつとさせるものがよい。視覚に訴え、聞き手の興味を誘って内容理解を助ける資料である。

◆つけたい力

○話題を決め、得た知識や情報を関係付けて活用することができる。

○メモや記録した内容を比較、対照したり、関連のあることをまとめ、分類して、自分の考えに生かすことができる。

その人らしさを紹介するスピーチで提示する例

取材対象の人物について

○幼い頃の写真や生い立ちに関係する何か
○一週間の生活をほうふつとさせる日程表
○何かをしている場面の写真
○似顔絵や自画像（これに吹き出しをつけてもよい）
○好きな言葉（座右の銘）を大きく紙に書いたもの
○模型や絵などの作品
○好きな本
○テープに録音した声や動画
○尊敬する人物の写真

この人は、温かい雰囲気の人です。…小さいころは、…

㉜『一つの花』（4年）題名の意味の象徴を読む〈読むこと〉

『一つの花』（今西祐行 作）の象徴をとらえ、本の帯を作る

1題名を考えさせる

「一つの花」というタイトルはまさに象徴的である。「一つ」という言葉と「花」という言葉によって構成されているからである。この二つの言葉は、物語の中で色濃くメッセージを放っている。「一つ」とは何か。何を思わせ、そうではない言葉とどう異なるのか。「花」とは何か。読むものの脳裏に何を浮かばせ、どのようなイメージを投影し、それ以外のものとは例えばどのようなものか。お金や財産、おいしい料理…。

あわてて帰ってきたお父さんの手には、一輪のコスモスの花がありました。

【発問1】お父さんは、もっと多くの花束をゆみ子にあげるべきだっただろうか。お父さんなら、どう思うだろう。読んだ君は、どう考えるだろう。

【発問2】お腹が空いているのだから、花ではなくて、おにぎり（食べ物）をあげるべきだったろうか。お父さんは、どう思うだろう。読んだ君は、どう考えるだろう。

くらべてみよう

お父さんは、それを見てにっこりわらうと、何も言わずに、汽車に乗って行ってしまいました。一つの花を見つめながら――。

○〈お父さんの顔〉が映像として残る。

○「一つの花を見つめながら――。」で題名「一つの花」が印象づけられる。

一つの花

○最後に遠ざかる〈汽車〉の姿が残る。

○〈行ってしまった〉事態が強調される。

お父さんは、それを見てにっこりわらうと、一つの花を見つめながら、何も言わずに、汽車に乗って行ってしまいました。

…あわてて帰ってきたお父さんの手には、一輪のコスモスの花がありました。

○お父さんの手の「一輪のコスモスの花」が印象づけられる。

一輪のコスモスの花

○お父さんが帰ってきたきたこと、あわてていることが強調される。

…お父さんは、一輪のコスモスの花を手に、あわてて帰ってきました。

2学習の流れ（8時間）

①学習計画を立てる。（1）

・本の帯のサンプルを見て感想を持ち、教師による「一つの花」の範読を聞く。

・『一つの花』の帯を作るという学習の見通しを持つ。

②『一つの花』を読み、題名の意味の象徴を考える。（3）

・帯を作るために『一つの花』を読み、感じたことや考えたことを話し合う。

・『一つの花』という題名の意味の象徴をとらえる。

・作品のテーマに合うサブタイトルを付ける。

③本の帯を作る。（3）

・「サブタイトル」と「紹介する文章」を入れて、本の帯を作る。

④学習のまとめをし、学んだことを振り返る。（1）

・友達の作った「本の帯」を交換し、学習したことを振り返る。

◆つけたい力

○登場人物の境遇や状況、気持ちの変化や情景を叙述をもとに読み取ることができる。

○本の内容や構成全体、題名の意味について理解し、紹介することができる。

本の帯に加える内容

◎サブタイトル
（題名とテーマをふまえて）
○物語からの引用
（印象的な言葉を引用する）
○おすすめの言葉
（簡単な推薦文）
○イラスト
など

サブタイトル例

「いつまでもなくならないもの」
「花にたくした父の思い」
「何よりも大切なもの」
「本当のしあわせとは」
「かけがえのないもの」
「この世にたった一つのもの」
「いつまでも続く願い」
「美しく、強いもの」

引用する文として考えられる一例

◆「一つだけちょうだい。」これが、ゆみ子のはっきりおぼえたさいしょのことばでした。
◆「なんてかわいそうな子でしょうね。一つだけちょうだいといえば、なんでももらえるとおもっているのね。…
◆「ゆみ、さあ、一つだけあげよう。一つだけのお花、大事にするんだよう──。」

(二) 教師の創作童話

創作童話紹介　小学4・5・6年生対象　禅林　文宏　文・絵

創作童話「子ぎつねキョン太の道」創作について

この創作童話は、私が寺の小僧時代に寺の鶏小屋を舞台にして起こったできごとを元にしたものです。

ここは、海抜五百メートルの周囲が山々で連なる高原盆地です。その中央付近に広い境内をもつ別格地といわれる大寺があります。この寺は、かつて周囲の水田や桑畑を所有していた大地主であったため、境内には、七堂伽儖の他、米俵等を納めたり養蚕のための天井部屋が設けたりしてある蔵や作業用具をしまう納屋や山羊、にわとりを飼育する小屋が残っています。

その飼育小屋のにわとりに目をつけたのが、「キョン太」と名づけた山の子ぎつねです。キョン太は、獲物とりに挑戦するが思いどおりにいきません。そんな中で両親やおじいさんぎつねの姿が消えていきます。

キョン太は、いよいよ一人ぼっちになり、そこからよい生き方をする道をみつけていくようになります。この子ぎつねが、「キョン」と鳴くのを聞いたという寺の和尚さんの言葉をかりて、子ぎつねに「キョン太」と名前をつけました。

この物語を創ってみようと思った理由は、三つあります。

一つめは、学校で、児童が学習する童話や物語のより楽しい読み方をみつける手がかりをつかむためです。

新しい視点からの教材研究法を見つけたいと考えたことです。

二つめは、時代を越えて世代を越えて人々の心に残る童話や物語の内容は、どんな主題を感じ取らせるものが多いのか、どんなキーワードが読者を引きこむ効果をあげているのか言葉を味わってみたいと考えたからです。

三つめは、文学教材の内容の価値を考えながら読み、読者としての自分の生き方に対する方と照らし合わせ、よりよい生き方を発見する手がかりをみつけたいと考えたことです。

● 書くときの参考にした物語は次のとおりです。

○ 主題の考え方～宮澤賢治の伝記・椋鳩十の「大造じいさんとガン」――(共生の考え)

○ 構成の工夫〜新美南吉の『ごんぎつね』、椋鳩十の『大造じいさんとガン』（起承転結――キーワードのつながり）――（筆者の故郷と照らして）

子ぎつねキョン太の道

子ぎつねのキョン太は、おじいさんぎつねといっしょに山のほら穴に住んでいます。穴のある高台からは、村を一面に見わたすことができます。そこは、くわ畑や水田が広がり、寺や農家が点在する高原盆地です。そのほぼまん中にいなり小学校という小さな学校もあります。

キョン太のねぐらのある山林が、緑から黄色、かき色に染まって秋の終わりに入ると、盆地の朝は、真綿をしきつめたような朝ぎりがダムの湖に見えてきます。

やがてダイヤモンドのような朝日が山の重なりの間からかがやき出すと霧が晴れ村があらわれてくるのです。

このころキョン太は、もう遊びに出かけていて山の中でぶどうやあけびをとったり、川にいきどじょうやふなをとったりしてねぐらにもどりはじめています。

キョン太は、早起きで足が速いので出かけたときはねずみや、りす、うさぎを見つけると、追いかけていくのですが、いつも逃げられてしまいます。

キョン太は、えものとりに失敗するたびにおじいさんぎつねにとってもらおうとあまえます。しかし、おじいさんは年を重ねていてえものとりの名人といわれていた昔とちがい野生の動物に飛びつくわざはにぶっていてキョン太の願いどおりにいかなくなりました。

キョン太は、こんな時ふと、お父さんやお母さんがいたらいいのになあと考えるのです。キョン太の両親は、昨年の暮の雪の降る晩に村に行ってごちそうを見つけてくるといって出かけたまま帰ってきません。


ある日の夕暮どきのことです。キョン太は、魚とりに夢中になり山から続く小川の流れに沿って下っていくうちいつの間にか大きな寺の近くに来ていました。

すると目の前ににわとりの群れを見たのです。つやのある白一色のにわとりたちが散歩を楽しんでいるようでした。くちばしでトントンと土をつっつき、ときおり頭を上げキョロキョロと左右に首をふりすっくすっくと足をあげて進む動きをくり返しているのです。「にわとりだ。しめた。」

キョン太は、足を止め体をふせてゆっくりゆっくり辺りを見回してからじわりじわりとにわとりの群れに近づいていきました。

それでもにわとりたちは何も気づきません。思いのままにのんびりと田んぼに落ちているもみを見つけトントンとつっついています。

今だ、ジャンプ。

キョン太は、二メートルほど近づいた一わに飛びかかりました。にわとりの群れは、危険を察知したようで、グァグァとけたたましい声をあげてトトトトと四方へ散るように逃げていきました。キョン太がねらったにわとりも急転回しましたがすかさずしっぽにかみつきました。歯と前足でしっぽを引き寄せようとぐいと力を入れました。

すると、しっぽのはねがバサッと固まったままぬけてキョン太の口にくわえられたままになりました。しっぽのはねをなくしたにわとりは、グァグァとさけぶように鳴いて逃げていきました。

その時です。キョン太の後ろから、ウーとうなり飛びかかったものがあります。番犬です。

キョン太は、はねをくわえたままにげようとしましたが番犬にしっぽをかみつかれました。ブルブル、バタバタ、バタバタ、…

キョン太は力のかぎりしっぽをふりまわしました。とたんにサクッと音がしてキョン太のしっぽの先の毛がぬきとられてしまいました。

「にげろ、にげろ。」横っ飛びをくり返しながらキョン太は、にわとりのしっぽのはねをくわえたまままもう夢中で山へ向かって走りました。

番犬は、キョン太のしっぽの先の引きぬいた毛をくわえたまま追いかけてきましたが、と中の水田

へ引く水路の前で足を止めあきらめたのか、のそのそと引き返していきました。

番犬は、老犬でキョン太の足の速さにはとうてい追いつかないとさとったようでした。キョン太は、ねぐらの近くまで逃げてきてほっとしました。しっぽの先の毛がぬけたところをおじいさんぎつねに見られてしまいました。キョン太は、おじいさんから厳しくしかられました。

「人が育てているものをうばうと自分がうばわれることになるぞ。今まで村でねずみおいをしたので、大すきな油あげをもらうことができたんだよ。それで村の人たちは、わしたちのことを『おきつねさま』『おいなりさま』といってくれるんだよ。だからキョン太、これからは山にいるえものにちょう戦するようにするんだよ。」

キョン太は、おじいさんが力をいれて話しているのに頭の中は、あの時失敗したくやしさだけしかなく、ただ頭を動かしているだけでした。

「あの時はあぶなかったが、あとすこしというところで……。あの番犬め、年よりの犬と思いあまくみていたことで失敗したんだ。」

キョン太は、あきらめがつかず、今度は成功するようにしようと、番犬の小屋がどこにあるか調べに行くことにしました。


さっそく次の日、ようし今度こそと思い、まず下見をすることにしました。

朝ぎりが消え、すみわたる空をながめ、すみきった村を見わたしたキョン太は、あの寺を目指して下りていきました。

鶏小屋の近くは、にわとり事件を起こしてから、きつねとりのわながどこかに仕かけてあるかもしれないと思いキョン太は、小屋からずっとはなれて東の方のくわ畑の中を寺の客間のある部屋の見えるところを探しながら近づきました。

自然に生えているしの竹林がそのまま寺の囲いになっていて、キョン太がしの竹の間からそっとのぞくと、中は庭園になっていて、その先にたたみの部屋が見えました。

中に犬の小屋がないか庭の左はしと右のおくを注意して見ました。この場所に犬小屋がないことがわかったのでちがう場所に行ってみようかと思ったら、広間から大きな声が聞こえてきたのでもう一度中をのぞきこみました。何やら村人らしい二人が和尚さんの話を聞いていました。

キョン太は耳をすませて話を聞こうとしました。もしかしたら、きつね退治の話かもしれないと思ったからです。

「去年はにわとりをとらえるためにきた親ぎつね二ひきをとらえてもらって家畜は生きてます。今年は、また食べ物ほしさで子ぎつねが来るようだが、もうきつねはとらえず、追い返す事を考えたいんですよ。」

和尚さんの話に耳をかたむけていた二人

の村人は、かわるがわる言いました。

「和尚さんあまいですよ。その子ぎつねをほうっておくとにわとりだけでなく山羊やあひるもとられてしまいますで。」

「そうですたい。わしらのうでのにぶらんうちにこっちから山にいって鉄ぽうをうたせてくれませんかい。」

「思うちょることはよくわかりました。でもそれでこの村の平和が守られるかというとそうはいかないことが起こっているんですよ。それは、蚕を飼っている農家がねずみのひ害にあいだしたんですよ。きつねのにおいがなくなったようだといってるんですよ。」

「きつねのにおいは蚕とそんなに関係あったんですか。」

「大ありですよ。蚕を飼っている農家の屋根裏は、宝物を生み出す所ですよ。しかし蚕の天敵のねずみを近づけたら被害にあいます。ねずみの天敵はきつねです。あのとらえた親ぎつねがいるときは、よくおいなり神社までやってきてそこにしいてある石ころに、においを落としていったようです。その石ころを農家の人たちは、蚕を飼ってる天井裏に置いてねずみを近づけなかったんですよ。そんなわけで、残った子ぎつねは村の人々のため役にたってもらおうと思うちょるんですよ。」

和尚さんの話を聞いていた村人は、

「わかりもうした。そうだったのか、わしら鉄ぽうの時代じゃなくなったようじゃ。おたがいに守られるような生活にせにゃいかんな。」

と言った。和尚さんは、わかってくれてよかったと思いながら話を続けました。

「でもなあ、子ぎつねにわしらの思うちょることが伝わるまでこのままにしちょるわけにゃあいかん。悪いところはこらしめるようにしようと思うちょる。それには、わなはかけないが、小屋にすずをつけて入口の戸にさわったら音がひびいて逃げるようにすること。もう一つは、若い番犬を飼うようにして犬は二ひきで守らせるようにしようと思うちょるんじゃ。ここまですれば、子ぎつねが小屋に入ったら危険だということを十分感じるじゃろう。そうすると子ぎつねはいなり神社にいってお供えものの油あげを持っていくことだけ続けてくれることになる。そこにきつねのにおいを落としてもらえば蚕は守られるし、にわとりもおそわれなくなるというわけですよ。」

村人の一人がうなずきながら話しました。和尚さんもうなずきながら、

「いい話になりましたね。そんな考えでやってみようと思うちょる。」

と、言いました。しかし、そう思いどおりに事が進むものか心はゆれているのでした。


和尚さんの話をへいのかげでかくれてきいていたキョン太は、ねぐらへいちもくさんにかけもどりおじいさんきつねに知らせました。

「おじいさん、ぼくのお父さんとお母さんは村のりょう師にとらえられたんだよ。和尚さんが話して

たよ。それからもうぼくは、鉄ぽうでうたれないよ。ぼくたちきつねは蚕を守るおきつねさまとも言ってたよ。」

おじいさんぎつねはキョン太の話をじっと聞いていました。

「だからぼくこれから山にいるいたちやしかやうさぎにちょう戦するよ。川に下りていったら魚をとり、ねずみやもぐらをおっかけるよ。おじいさんいつもみててね。」

キョン太は、「みんなが幸せになるように」という和尚さんの話とおじいさんの話が同じだと思いやってみようとしたのです。

次の日からキョン太は、おじいさんぎつねに連れられて、りすやしかやうさぎのあらわれそうな所へ出かけ、えものがあらわれるとおじいさんの合図で飛びかかっていきました。

でもはりきってどのえものにちょう戦してもにげられてしまうのです。そのたびに、おじいさんぎつねから、

「山には、いろんなえものがいるよ。だからあきらめないようにすばやく飛びかかれる練習をつづけることだよ。にげたら何もできないことになるよ。」

と、はげまされました。

それからは、キョン太一人でおじいさんから聞いたとおり山をかけまわり、えものとりにちょう戦し続けました。でもりすやうさぎの逃げ足は速いのです。何度ちょう戦しても成果があがりません。

魚や木の実は、とれなくなりえものをとるよい方法を考えながら過ごしました。

おおみそかも近い夜のことです。

「雪だあ、雪だあ。」

キョン太は穴から飛び出し銀の大地にねころんではしゃぎました。そのとき、どうしたというのでしょう。ふと、もう一回だけあのにわとり小屋にちょう戦したくなったのです。

キョン太は、ゆっくり起き上がり、銀世界をゆっくり見まわした後、

「おじいちゃん、ごめんね。えものとりの練習を一回だけにわとりを相手にやらせてね。」

キョン太は、ひとり言をいってから、ぬき足さし足しのび足を速くして村の真ん中にある寺の小屋のそばまで来てしまいました。雪あかりで正面に見える小屋の棒の上でにわとり集団が目をとじている姿がはっきり見えます。

「一回だけ一回だけ一回だけ…」

と、またひとり言をいいながら覚ごしたように小屋の入口を見ました。するとそこには、がんじょうな金あみの戸があり、戸びらから寺の本堂の方へすず玉の連なったひもが見えました。

キョン太は、わなが仕かけられていないことを聞いて安心していたが入口付近は危険がいっぱいだということを察知して他の場所をさがしました。すると小屋のすみの雪の下にわずかなすき間を見つけました。キョン太は、そうっと雪をかき分けてみました。くさりがかかった小屋を支える台木が見

えました。

しめた。キョン太はここだといわんばかりに台木の下に前足をめりこませ、もうスピードで下の土をかき飛ばし始めました。はね上がった土のつぶで周りは黒雪になっていきました。

キョン太は、体を広げて台木の下からするりとすべりこみました。

とたんに棒の上のにわとりたちが、はねをばたつかせ数わのにわとりがグァッと鳴き出しました。キョン太はあわてました。鼻についた土をぶるっとふるい、棒の上の一わのにわとりに飛びかかりました。

そのときです。キョン太は後ろに三つのかげを見ました。一つは、何とおじいさんぎつねではありませんか。キョン太がにわとりにとどく寸前に自分のしっぽをおじいさんぎつねにかみつかれ引き落とされたのです。

やってはいけないというようなこわい目でキョン太は、おじいさんぎつねににらみつけられました。キョン太が床にひっくりかえったとき、今度は、おじいさんぎつねが危険になりました。

「あっおじいちゃん、あぶない。おじいちゃん……。」

キョン太は、キョンキョンと悲鳴をあげてさわぎました。二ひきの番犬がおじいさんぎつねののどもとと足にかみつこうとしました。おじいさんぎつねは、全身をふるわして、二ひきの番犬にかみつかれないようにはずしました。

キョン太は、それを見てキョンキョンさわぐばかりです。このさわぎに中のにわとりたちの鳴き声が交ざって小屋は音の戦いのような場になりました。

「キョン太はやくにげろ、はやくはやく。」

おじいさんぎつねは、キョン太にしっぽをふって逃げろと合図をしました。

キョン太はこわくなりおじいさんぎつねの合図を見てから、小屋の台木の下のトンネルからすばやく外に出ていちもくさんに山に向かって逃げました。小川をこえ深い雪の中をブスブスと足音を立てながら飛んで飛んで夢中で逃げました。キョン太が山へ逃げきったころ、おじいさんぎつねも、番犬二ひきにかみつかれて弱ったようにみせかけ、すきをみていっきに逃げきることができたのでした。

キョン太は、おじいさんぎつねによってすくわれたのです。おじいさんぎつねは、自分の命を使いきったようで、ねぐらへもどると静かに目をとじてしまいました。

おじいさんぎつねがいなくなってから、キョン太は、しばらく村へ下りて行きませんでした。そして、おじいさんからの教えを思い出し考え続けました。

「人間が育てているものの命をうばうことは、自分の命をうばうことになるんだよ。」

この言葉がキョン太の頭の中におじいさんの姿とともにうかんでくるのでした。

キョン太は思い返しました。

「お父さんお母さんぎつねとおじいさんぎつねが、山の中のえものとりをしてぼくに食べさせてくれているころは、山も村も平和だったんだなあ。そのころは村の人々も犬もぼくたちきつねをおおめに見てくれていたんだろうなあ。それをぼくがにわとりをとることにちょう戦したばっかりに危険な関係にしてしまったんだ。よしもう悪いことはしないぞ。そして村の子どもたちと一日でもはやく仲よくなりいっしょに魚とりや木の実とりができるように村の人々にぼくのすることを見てもらおう。」

キョン太は、自分の道を歩み出しました。今度こそ、おじいさんぎつねの教えをもとに朝は小川で顔を洗い木の実をとり山の上からだんだん川にそって下りながら魚をとり、ねずみを見つけたら蚕に近づかないように追い出す生活です。村に下りていき、村の食べ物といったらいなり神社に供えてある油あげをいただくことだけです。

キョン太は、村の人から悪いきつねがあらわれたのでとらえようと思われても仕方ないと覚ごしていました。

そっといなり神社に近づきました。そして供えてあるいなりずしを、スッと口に入れました。とたんに、

「キョン太、かわいい。」

と、いう声がしました。キョン太はとびあがり逃げ道をさがしました。ところが、いつの間にかキョン太は、和尚さん、子どもたち、番犬にとり囲まれていました。

キョン太は、体をぶるぶるふるわせて小さくまるまってしまいました。とり囲んだ輪がいっきにキョン太のそばまでせまりました。

いきなり小学校の子どもたちが、

「キョン太　だいじょうぶだよ。」

と、声をかけ、そっと手で頭をなでました。

「もうだいじょうぶだ。キョン太を自由にしてやろう。」

和尚さんが言いました。みんなが囲いをとくと、キョン太は、キョトンとして、あたりをキョロキョロみたかと思うと、ピョコンと頭を下

げていちもくさんに山へとかけもどっていきました。
それからというもの村はきつね事件が姿を消し、養蚕・稲作がこれまでのように栄んに続き、村人は、キョン太を見かけると「おきつねさま」「おかいこさまの守り神さま」といって、きつねの散歩をそっと見守ってくれるようにまでなったのです。
高原盆地は、また霧の湖のできる季節を迎えました。霧が晴れるとキョン太が、子どもたちと山では木の実をとり、川に下りていっては魚をとったりして遊んでいるではありませんか。
村のよろず屋の店の中には、いつの間にかいなり小学校の子どもたちの作品コーナーができていました。そこには、「キョン太の道」を考えて浮かんだ絵が飾ってありました。

おわりに

本書は、第一章では、人間の生き方についての私の体験をもとに考えたことや、これからの教師の人間としてのあり方について各界の方々の講義を受けて私なりに感じとったことをまとめてみました。また第一章の後半は、「各界トップの哲学に学ぶ」として教師を目指す塾生のまとめたものを掲載しました。

杉並師範館で教師育成にあたり、私も塾生と共に講義を受けた講師の先生方におかれましてはお名前とお言葉を掲載することについてご快諾いただいたことに厚く御礼申しあげます。各界の会長・社長・学長・教授としてリーダー力を発揮されてきた様子が講義を伺いよくわかりました。どの講師も「ぶれない」「にげない」「あきらめない」で力強く信念を持って前進されてきたことを学び、感動が余韻として残っております。ありがとうございました。

このように各界のリーダーが大事を成しとげてきた根本には、大事だと思えば大きなリスクがあっても挑戦され社員等一人一人を愛し生かすこと、さらに行動を通して証明する力を備えておられたからだと深く感動いたしました。

教育者が一人一人に愛情をもつということは、責任をもってわかる指導法を創り出し、確実に創造できる力をつけてあげられることです。

子どもたちが、長い人生で出会う困難をのり越えて、夢に向かって「ぶれない」「あきらめない」態度をつくれるように、まず教師がそのモデルを示すことです。

最後になりましたが、本書を出版するにあたっては、杉並師範館二代目理事長田口佳史先生の「江戸の教育のよさ」「自己の最善を他者のためにつくしきる」という講義に深く感動したので、先生に師範館全般の学びをまとめたいということをご相談させていただきました。感謝申しあげます。若い教師のため児童愛につながる指導法開拓の参考として、指導法モデルを佐久間裕之先生が示してくださいました。そして、本出版にあたり計画遂行等において、指導助言をいただいた前杉並師範館統括指導教授土幸壽子先生ならびに、出版計画全搬にわたり指導助言をいただいた田中哲前杉並師範館事務局長はじめ関係者の方々に厚くお礼申しあげます。さらに、内容修正、出版方法等について温かいご指導をいただいた悠雲舎の白滝一紀社長・湯浅三男企画部長様に深く御礼申しあげます。

帆足文宏

〈著者略歴〉

帆足　文宏（禅林　文宏）
○元東京都多摩市立第一小学校長・杉並区立第四小学校長
○前杉並師範館副統括指導教授
○元全国小学校国語教育研究会会長
○全国小学校国語教育研究会顧問
○人格教養教育推進委員会研究顧問
著書「はばたけ！誠一もう一つの次郎物語」「漢字おもしろワーク」

佐久間　裕之
福島県伊達市立伊達小学校教諭。全国小学校国語研究会協力委員。文部科学大臣優秀教員表彰を受ける。全国規模での講演会も行う。全国小学校国語教育研究全国大会において、静岡県浜松市、新潟県五泉市、東京都渋谷区・豊島区・杉並区の小学校で、「詩」の授業・「情報発信」の授業・「対話」の授業・「たとえ」の授業・「俳句」の授業・「メモの方法」の授業等、モデル授業を公開。実践事例や理論を以下に紹介している。「教育科学国語教育」「授業研究21」「国語力をつける『基礎・基本・統合発信力』ワーク」「日常的な評価活動を国語科授業に生かす」「国語学力を測る『到達度』チェックカード」「発信・受信の双方向で『伝え合う力』を育てるワーク」「魅力あるすぐれた教師への道程」他。

リーダーの生き方と教師力

2015年2月20日　第1刷発行

著　　者　帆足　文宏　佐久間　裕之
発　　行　悠雲舎
発 行 者　白滝　一紀
発 売 元　金融ブックス株式会社
〒101-0021
東京都千代田区外神田5-3-11
電話　03（5807）8771（代表）

悠雲舎のホームページ
http://www.yuunsha.jp

ISBN978-4-904192-57-3　C1037

印刷・製本　モリモト印刷株式会社